M&A仲介会社の社長が明かす

中小企業 M&Aの真実 決定版

50のQ&Aで知りたいことが全部わかる!
最高の入門書

インテグループ株式会社
代表取締役社長
藤井一郎

東洋経済新報社

はじめに

業界の健全化が進むと、ガイドラインに沿わない仲介会社は淘汰されていく

本書の元となった『トップM&Aアドバイザーが初めて明かす 中小企業M&A 34の真実』（以下「旧版」）を出してから早8年が経ちました。

大変ありがたいことに、**旧版は予想以上に好評**をいただきました。

M&Aを検討している売り手や買い手の方からは、

「これまで読んだM&A関連の本の中で、M&Aの現場の内情が一番よくわかった」

などという声が、M&A業界の関係者からは、

「踏み込んだ本音が書かれていて、とても面白かった」

などの声が聞かれました。

旧版は、大手コンサルティング会社の**入社前の必読本**に指定されていたり、M&A仲介会社に強い人材紹介会社が、M&A仲介会社への転職を希望する求職者に対して**「この本を読めば、M&A仲介会社や業界についてよくわかる」**とすすめてくれたりしています。

また社員数万人の有名企業から声がかかり、経営陣に対してM&A仲介業についてレクチャーする機会も得ました。

この8年間で、私の役割も変わりました。

旧版を出した当時は、私もまだコンサルタントとして中堅・中小企業のM&A案件を担当していましたが、その後2014年に**譲渡価格で200億円超の案件を成約**させることもでき、2016年を最後に自ら案件を担当することをやめました。

その後は、M&Aコンサルタントの採用・育成、コンサルタントに対する助言および経営業務に専念しています。

またこの間、日本のM&A市場も大きく成長し、**公表ベースのM&A件数は約2倍**になりました。

中小企業のM&Aもますます活性化している中で、経済産業省（中小企業庁）が2020年に「中小M&Aガイドライン」を策定し、健全な中小企業のM&Aを促進しています。

今後、各仲介会社はこのガイドラインに沿った営業・コンサルティング活動をしていくことになると思われ、業界の健全化が進むと同時に、**ガイドラインに沿わない仲介会社は淘汰されていく**でしょう。

いまだに誤解が多い「中小企業のM&A」を本音で紹介

今般、改めて本書を出版することになったのは、旧版を出してから8年経つと、やはり内容が古くなっている部分がありますし、もっと読者に知っていただきたいことも多くなってきたためです。

本書全般にわたって100箇所以上の加筆修正をし、文章量は旧版の約1・5倍になりました。そして、よく聞かれることを50のQ&Aにまとめ、現時点で読者に知ってほしいことを余すところなく書き、知りたいことがすべてわかる入門書になるようにしました。

次に本書の全体的な内容について述べます。

本書では、**中堅・中小企業のM&Aをテーマに、「売り手」「買い手」「ファンド」「仲介者」の実態はどうなっているかを、業界の裏事情を含めてお伝えします。**

これまでの教科書的なM&Aの本とは一線を画し、なるべく専門用語を使わず、一般のビジネスパーソンにも理解していただけるようにお話ししていきます。**「ここまで書いていいものか」**との思いもあります。

とくに、仲介会社にとっては知られたくない不都合な真実についても書いています。

しかし、私はもともと異業種出身で金融業界のヒエラルキーには属していないので、業界の先輩諸氏に遠慮することなく、自由に書くことができるという強みがあります。

まだまだ誤解が多い中小企業のM＆Aについて、決してセールストークではなく本音で実情を紹介していきます。

■M＆Aの「本当の姿」を一般のビジネスパーソンにも理解してほしい

本書では、以下の読者を想定しています。

◎中小企業M＆Aの売り手となるオーナー経営者
◎中小企業M＆Aの買い手や売り手となる、大企業・中堅企業の経営陣、経営企画、財務経理、事業部等の方、およびバイアウトファンドの関係者
◎銀行、証券、コンサルティング会社、税理士・会計事務所、監査法人、M＆A仲

介・アドバイザリー会社等のM&A支援に関わる方
◎M&A仲介会社への就職・転職を検討している求職者
◎中小企業のM&Aや事業承継問題に関心のある一般のビジネスパーソン、行政関係者

本書の構成は以下のようになっています。

第1章「中小企業M&A市場の真実」では、中小企業M&Aの特徴やマーケットの傾向についてお話しします。

第2章から第5章は、M&A市場の主要なプレイヤーである「売り手」「買い手」「ファンド」「仲介会社」のそれぞれの本音やプレイヤーとして知っておくべきこと、業界の裏事情について説明します。

今回、第4章「ファンドの真実」を新規で書いています。

また第5章「仲介会社の真実」の後半部分では、M&A仲介会社への転職を考えている求職者向けに、参考にしていただきたいことも書いています。

そして本書の末尾に「おわりに」として、M&Aの社会的意義、M&Aの本質について私の考えを述べさせていただきます。

なお、それぞれのトピックはある程度独立していますので、目次を見て、気になったところから読んでいただいても構いません。

「中小企業M&Aの真実」を知ることによって、

- **中小企業のオーナー社長には「経営者人生における有力な選択肢」としてM&Aをご考慮いただく**
- **買い手の方には「経営戦略のひとつ」としてM&Aを活かしていただく**
- **M&A支援者の方には「社会的意義のあるM&Aの創出」に役立てていただく**
- **求職者には「M&A仲介業界をよく理解」したうえで挑戦していただく**
- **そして一般のビジネスパーソンには「中小企業のM&Aの本当の姿」を知っていただく**

その契機になれば幸いです。

M&A仲介会社の社長が明かす

中小企業M&Aの真実 決定版

［目次］

第1章

中小企業M&A市場の真実
4つの特徴とまだまだ増える4つの理由

第2章

売り手の真実
売却する5つの理由と売り手が知っておくべきこと

第3章 買い手の真実 7つの買収理由と6つの買収戦略

第4章

ファンドの真実

ファンドの仕組みとファンドを活用するメリット・デメリット

第5章

仲介会社の真実

業界の裏事情と自社にあった仲介会社の見つけ方

第1章

中小企業M&A市場の真実

4つの特徴とまだまだ増える4つの理由

Q1 大企業のM&Aと中小企業のM&Aには、どのような違いがありますか？

A

中小企業のM&Aは、国内企業同士による友好的M&Aで、仲介会社が関与することが多く、中小企業特有のリスクがあります。

M&Aに関してよく新聞などで大きな記事になるのは、たとえば、上場企業に対する「敵対的TOB」（株式公開買付け）や「クロスボーダーM&A」（日本企業による海外企業の買収、海外企業による日本企業の買収）、あるいは大手メーカーが子会社を外資系ファンドに売却し某投資銀行がファイナンシャル・アドバイザーを務めたといったようなものです。

しかし、このようなM&Aと、近年の事業承継問題などを背景とした「中小企業のM&A」とは世界が違います。

中小企業が譲渡対象となるM&Aは、次のような特徴をもっています。

①友好的M&A
②国内企業同士
③仲介会社が関与
④異なるリスク

これらの特徴について、ひとつずつ見ていきます。

中小企業M&Aの特徴① 友好的M&A

オーナー社長の中小企業のM&Aにおいては、「敵対的買収」や「乗っ取り」は基本的にはありえません。

そもそも敵対的買収の「敵対的」とは誰に対して敵対的かというと、社長等の経営陣に対して敵対的ということです。つまり、**敵対的買収とは、社長等の経営陣が反対しているにもかかわらず、買収を仕掛けること**です。

経営陣が反対しているにもかかわらず、買収が成功するときというのは、売り手の株主が賛成して株式を売り渡す場合です。

このような敵対的買収は、株主と経営陣が別で、いわゆる（株式の）所有と経営の分離が行われている上場企業などにおいて、はじめて起こりうる現象です。

ただし、**日本では、上場企業においても敵対的買収はまだまだ件数は非常に少ない**といえます。

上場企業の経営権を取得するような取引は、ＴＯＢ（株式公開買付け）をする必要がありますが、近年、日本の上場企業に対するＴＯＢは年間50件前後で、その中で敵対的ＴＯＢはわずか数件程度です。

また敵対的買収が成立するのは株主が賛同した場合だけですので、株主がその時点で最善の選択をしたのであれば、敵対的買収それ自体は必ずしも否定的にとらえられるべきことではありません。

一方、未上場の中小企業では、基本的に社長等の経営陣や社長の親族が株主であることがほとんどです。

Ｍ＆Ａというのは最終的には売り手の株主がその是非を判断するものですが、社長等の経営陣＝株主（株主である社長を「オーナー社長」といいます）であれば、経営陣が反対する敵対的買収というのは起こりえません。

通常、中小企業が対象となるM&Aは、オーナー社長と買い手企業とが、譲渡の条件や今後の会社の運営方法について協議し、お互い同意したうえで成立します。

したがって、**中小企業のM&Aというのは、ほぼ100%友好的な買収**になります。

株主と経営陣が異なる上場企業などでは敵対的買収が起こりえますが、**オーナー社長の中小企業の買収は、友好的M&Aになる**というのが第一の特徴です。

中小企業M&Aの特徴② 国内企業同士

次に、「日本企業が海外企業を買収した」とか、またその反対に「外国企業が日本企業を買収した」という**「クロスボーダーM&A」**がよくニュースで取り上げられますが、**中小企業のM&Aのほとんどは、日本の国内企業同士のM&A**になります。

クロスボーダーM&Aは、両国のさまざまな制度の相違や、経営手法、企業文化などの違いからリスクが大きくなり、また投資銀行などのファイナンシャル・アドバイザーに支払う報酬も億単位になることがあります。

そうすると、それに見合うメリットがないと買収する意味がないので、売り手企業の売上規模が100億円以上ないと、あまり対象になりません。

また、前述したように、**中小企業の経営者はオーナー社長が多いわけですが、「日本企**

業ではなく、あえて海外企業に会社を売却したい」というオーナー社長はほとんどいないので、海外企業が日本の中小企業を買収するというチャンスは極めて少ないのが実情です。

弊社にも、中国等の多くのアジア企業から、日本の技術力のある会社を買収したいとの問い合わせがありますが、売り手側の日本の中小企業のオーナー社長が、海外企業への譲渡を好まない場合がほとんどです。

やはり、日本の中小企業の社長には、

「海外企業には技術・ノウハウを流出させたくない」

「人員削減や取引先の変更などの抜本的な改革を行う可能性の高い海外企業には、会社を売却したくない」

というマインドが強いようです。

したがって、中小企業のM&Aはほとんどの場合、売り手も買い手も国内企業になります。

中小企業M&Aの特徴③　仲介会社が関与

中小企業のM&Aの3つめの特徴としては、「M&Aアドバイザー」ではなく「M&A仲介会社」が関与しているケースが多いということがあげられます。

ファイナンシャル・アドバイザー、M&AアドバイザーやM&Aアドバイザリー会社というのは、売り手または買い手のどちらか一方に雇われて、顧客の利益の最大化を目指す役割を担った存在です。

一方、M&A仲介会社とは、売り手と買い手どちらか一方の利益の最大化を目指すのではなく、両者の間に立って客観的に中立的な立場で交渉の仲介を行います（アドバイザーと仲介者の違いは、第5章で詳しく説明します）。

上場企業が売り手の場合は、経営陣はあとで不特定多数の株主に訴えられないように、

「そのM&Aの手続きが適正か」

「譲渡条件が妥当かどうか」

が厳密に問われることになります。

よって、利益相反の可能性のある仲介ではなく、法的リスクを最大限回避するために、投資銀行などのアドバイザーをつけて、買い手と丁々発止の交渉をすることになります。

中小企業のオーナー社長が売り手の場合は、少し極端にいえば、**誰に譲渡しようが、いくらで譲渡しようが（ほかの株主がいなければ）社長ひとりが納得して判断すればいい**わけです。

したがって、**フィーが高く、また議論が紛糾し交渉が長期化しやすいアドバイザーでは**

なく、友好的に交渉がまとまりやすい仲介会社を使うことが多くなります。

また零細企業のM&Aにおいては、売り手、買い手が自ら相手探しができる「M&Aプラットフォーム」（M&Aマッチングサイト）も普及してきていますが、これについても第5章でお話しします。

中小企業M&Aの特徴④ 異なるリスク

4つめは、上場企業の買収と中小企業の買収の**リスクの違い**についてです。

未上場である中小企業では、会計監査を受けていたり、また内部統制もきちんとできていたりする会社はほとんどありません。

したがって、この点では、中小企業の買収は、上場企業を買収することに比べてリスクが高いといえます。

また、大企業では各人が与えられた権限の中で組織として仕事をしていますが、中小企業は大企業と比べて従業員数も少なく、どうしても属人的に仕事をしてしまっています。これも「買収後に社員が辞める」という可能性を考えると、リスクが高くなります。

反対に上場企業の買収のほうが、リスクが高くなる側面があります。

それは**買収価格に関する部分**です。

上場企業というのは、株式市場で将来の収益性が加味された価格（株価）がすでについています。その上場企業を買収するには、通常市場価格に数十％のプレミアムをつけた価格でオファーしなければなりません。

これは経営権という支配権を得るために支払う割増し価格で、**「コントロール・プレミアム」**と呼ばれます。

割増し価格（プレミアム）をつけて買収するということは、買収後にそれに見合うシナジーが創出されて、はじめて元がとれたことになり、さらにより大きなシナジーが発揮されてやっと買収価格を上回る価値が生み出されることになります。

これが上場企業の買収が**「マイナスから始まるゲーム」**といわれるゆえんであり、大きなリスクといえます。

一方、**未上場の中小企業の場合は、そもそも株価に市場価格はありません。**

入札または買い手と売り手との間での交渉により買収価格が決まります。

入札であろうが相対《あいたい》での交渉であろうが、**買い手はプレミアムをつける必要はなく（そもそも市場価格がないのでプレミアムという概念もないといえます）、必ずしも大きなシナジー**

を出さなくても、買収価格を上回る価値を創出できることがあります。

つまり、M&Aはどちらにしても必ずリスクはあるのですが、上場企業の買収と未上場の中小企業の買収では、異なるリスクがあるということです。

Q2 日本では年間にM&Aはどれくらい行われていますか?

A 正確な統計は存在しませんが、2万件程度と推定されます。

国内企業が関与するM&Aの件数を、レコフデータという会社が集計しています。それによると、年によってバラツキはありますが、**近年では年間4000件ほど**となっています。

しかしこの統計は、あくまでメディアで発表されたり、上場企業などが開示したりしたM&Aの件数を集計したものと思われます。

では実際には、どれくらいのM&Aが国内で行われているのでしょうか？

弊社で仲介した案件も、買い手企業が未上場企業であれば、プレスリリースしない場合がほとんどです。また、我々のような仲介会社が関与せずに、売り手と買い手が直接交渉して、M&Aを実行しているケースもあります。

ある日、中小企業のオーナー社長が知り合いの経営者に全株式を売却したとしても、株主というのは登記簿で公開されるわけではありません。積極的に対外的に公表しなければ、このようなM&Aは外部に知られることがありません。

また**「マイクロM&A」**ともいわれる零細企業・事業のM&Aも広まってきており、**大部分の中小零細企業のM&Aは公表されません。**

よって、**実際に行われているM&Aの件数は、公表されている数の数倍はあるはずです**（大型案件はたいてい公表されるので取引金額ベースでは、公表されているものと実際では、件数ベースほど大きな違いはありません）。

日本には企業が約350万社（統計の仕方によって前後しますが）ありますが、1人や2〜3人でやっている会社も多く、M&Aの対象となりうる企業は200万社程度と推測します。

私は、その200万社の1％にあたる2万件程度のM&Aが毎年行われていると推測します。

Q3 中小企業のM&Aが増えている要因は何ですか？

A 「①子どもが継がず親も継がせたくない」「②便利なものを使うと元に戻れない」「③日本は企業数が多すぎる」「④欧米よりM&A取引金額の対GDP比が小さい」などの要因があります。

では、今後M&Aは増えていくのでしょうか？

クロスボーダーM&Aの件数の増減は、為替動向にも左右されます。

たとえば、日本企業による海外企業の買収は、円高のときは強い円を活かして件数が増えて、円安のときに減る傾向があります。

しかし、前述したように、中小企業が対象となるM&Aは国内企業同士によって行われるため、為替動向は基本的には関係ありません。

中小企業のM&Aの件数はマクロで見ると、景気動向に左右されます。

そういうと、

「不景気のときのほうが、業績不振の売り手が多く出てくるから、M&Aが増える」

と誤解される人がいますが、**それは違います。**

たとえ業績不振の会社が売却を希望しても、そのような会社をあえて買いたい人は、ほとんどいません。不景気のときは買い手の投資意欲が弱まるので、M&Aは成立しづらくなります。

必ずしも業績は悪くないけれども、後継者がいないなどの理由で会社の売却を決断する売り手は、景気に関係なく出てきます。

そうすると、**好景気で買い手の買収意欲が強いときのほうが、買い手からいい条件提示が出てきて売り手と合意に至りやすくなるので、M&Aの件数は増えます。**

したがって1年単位の短期で見ると、今後とも毎年のM&Aの件数は、その年の景気の良し悪しによって増えることもあれば減ることもあります。

では、中長期のトレンドとしてはどうなるかというと、私は今後とも中小企業のM&Aの件数は増えていくと考えています。

その主な理由として、次の4点について述べます。

①子どもが継がず親も継がせたくない
②便利なものを使うと、元に戻れない
③日本は企業数が多すぎる
④欧米よりM&A取引金額の対GDP比が小さい

以下、ひとつずつ説明していきます。

理由① 子どもが継がず親も継がせたくない

かつての日本では、**「親が商売をしている場合は、子どもはそれを継ぐのが当然」**という伝統がありました。

日本には数百年も続く長寿企業が世界で一番多いといわれていますが、私はその一番の原因はこのような伝統的な考えに由来していると思います。

ところが、現在ではますます個人の多様な価値観を認めるべきという風潮があり、親としても必ずしも子どもが会社を継ぐことを期待しなくなってきています。

子どもの側としても、サラリーマンとしてある程度満足した会社生活を送っていたり、医師、弁護士、会計士などの専門職についていたりすれば、「あえてリスクの高い家業の経営はしたくない」と思う人も増えています。

「リーマンショック」「東日本大震災」「コロナ禍」を経験し、事業経営の不確実性を切実に感じたオーナー経営者は、社内に自分の子どもが勤めていても、必ずしも「継がせるのがいい」とは考えず、第三者への譲渡を決断するケースが増えています。

子どもに継がせないというのは、経営者としてシビアに子どもの能力を見極めて、「経営者向きではない」と判断している場合もあります。また、業界の将来に対する不安から、「苦労をさせたくない」との親心で継がせたくないということもあります。

経営形態と生産性の関係について、『日本企業の勝算』（デービッド・アトキンソン著）で興味深い分析結果が示されています。

それによると、以下の順番で生産性が高くなるとのことです。

①起業した家族が株式の一部を保有している上場会社で、経営者が最適なプロ経営者
②上場企業でプロ経営者
③家族所有でプロ経営者
④家族所有で、家族の人間が経営者
⑤家族所有で、長子が経営者

もちろん二代目、三代目の偉大な経営者が世の中にたくさんいることは承知していますが、**幅広く能力がある候補者の中から経営者を選ぶより、家族という極めて限定された候補者から経営者を選ぶほうが、企業の発展・成長においてはリスクがあることは間違いない**でしょう。

同書でも、〈統計上最悪なのは、⑤の家族の長子を経営者にすることです。経営者に向いているのかどうかが完全に度外視されるので、生産性は最も低くなります〉と述べられています。

では、もし子どもや親族に継がせないとするると、ほかの選択肢としては、

①ほかの役員、従業員への承継
②廃業・会社清算
③第三者への譲渡(M&A)

の3つがあります。

まず「①ほかの役員、従業員への承継」についてですが、中小企業では経営をすべて任せられるような優秀な人材がなかなか育たないというのが実情です。長年期待をかけて育てたとしても、他社に転職されたり、独立されたりするケースもよくあります。

また、もし仮に経営を任せられるような役員、従業員がいたとしても、今度は株式を買い取る資金力がない場合がほとんどです。

中小企業といえども全株式を買い取るとなると、通常数千万~数億円以上の資金が必要

になりますが、中小企業の役員、従業員でそこまでお金を工面できる人はまれでしょう。オーナー社長に欲がまったくなく、本来大きな価値がつく会社をただ同然で譲ってもいいということであれば、役員、従業員への承継も現実味が出てきますが、そのようなオーナー社長も実際にはなかなかいません。

「②廃業・会社清算」については、従業員が職を失い路頭に迷うことになり、長年つきあってきた取引先にも迷惑をかけるので、それを望まない経営者がほとんどです。

そうすると、「③第三者への譲渡（M＆A）」が現実的な手段となってきます。

このように、「子どもが継がない」「親も継がせたくない」という中小企業が増えるなか、とりうる選択肢から消去法で考えていっても、**M＆Aによる譲渡を志向するオーナー社長が増えていくであろう**ことがわかります。

理由② 便利なものを使うと、元に戻れない

先ほどの子どもや親族が継ぐかどうかの問題は売り手側の要因ですが、次に買い手側の要因を考えてみます。

現在の企業経営は、情報のコモディティ化が進み、ますますスピード経営が必要とされています。

自社で一から事業を立ち上げていては、その間に他社に市場を奪われてしまうかもしれません。

近年国内外で成長著しい企業のほとんどは、M&Aを成長戦略として活用しています。

M&Aによる買収を一度して、それで失敗して懲りてしまったという会社もありますが、**多くの買い手企業は一度M&Aをすると、それ以降も積極的にM&Aを検討する**ようになります。

一度失敗してもそれは授業料としてとらえ、失敗から得た教訓をもとに再度M&Aにチャレンジする会社も多く、M&Aで成功すればそれに味をしめて、その後も積極的に買収を志向するようになります。

うまくいけば、**M&Aは成長戦略を実現するための手っ取り早い便利な手段**ということがわかり、やめられなくなります。これは、**一度便利なものを使ってしまうと、それがない元の生活に戻れない現象**と似ています。

もちろん私は、早く成長するために絶対に企業買収をすべきだとも、M&Aは必ず成功するともいうつもりはありません。むしろM&Aはリスクだらけともいえます。ただ、是非はともかく、実態として一度買収を経験した企業は、その後も買収を続ける傾向があり、それがM&Aが増加する要因になっているということです。

理由③ 日本は企業数が多すぎる

売り手側と買い手側のそれぞれでM&Aが増える要因を見てきましたが、次にマクロ的な視点で見ていきます。

日本は業界内の企業数が多く、過当競争に陥っていて、欧米と比べて企業の利益率が低くなっているということは以前からいわれてきたことですが、デービッド・アトキンソン氏は『日本人の勝算』などの著書の中で、豊富なデータや論拠を示して、日本全体の生産性を上げる方法のひとつとして、企業の統合を促進し（企業数を減らす）、企業規模を大きくすべきことを主張しています。

企業規模と生産性の相関関係は大きく、私もひとりの経営者として、企業規模が大きくなれば生産性が上がるというのはよくわかります。

社員数が増えれば、さまざまなITシステムなどの投資をするメリットが出てきて、業務効率化や顧客へのサービス改善ができ、ひいては利益率の向上、社員の待遇改善につながります。

日本は人口減少で需要が減っていますので、企業数を維持することは不可能で、『2020年版 中小企業白書・小規模企業白書』によると、実際に**1999年から2016年の17年間で、485万社から359万社と、126万社も企業数が減少**しています。

それでも、まだまだ日本は従業員数が少ない企業で働く人の割合が、米国、ドイツ、イギリスなどと比べても多く、また日本の中小企業の生産性が低いことがOECDの調査によって明らかになっています。

したがって、後継者不在の事業承継の問題だけでなく、**「日本が先進国として生き残るために生産性を上げていかなければいけない」**という意味においても、M&Aによるさらなる企業の集約化や業界再編を進めていくことは避けられません。

理由④ 欧米よりM&A取引金額の対GDP比が小さい

最後にもうひとつマクロ的な視点で、欧米と比較した場合に、今後日本でM&Aがまだまだ増えていく理由を説明します。

欧米主要国のM&A取引総額の対GDP比は、国や時期にもよりますが、6～10%強程度です。それが日本では3%程度です。

日本の株式市場においても、株式持ち合いが解消され、外国人株主やアクティビストなどのモノいう株主が増えるにつれて、株主重視の経営がますます求められています。

株主は常にリターンを要求しますので、余剰資金は配当するか、さもなければ成長に向けた投資に振り向けなければなりません。

そうなると、**企業価値を向上させる可能性があるM&A案件が目の前にあるのに、それを検討もしないということは、株主に対して誠実に仕事をしていない**と見なされてしまいます。

ところで、買い手としての上場企業は大型の買収しかやらないと思われるかもしれませんが、そんなことはありません。

たしかにニュースになるのは大型のM&Aが多いですが、実際には上場企業でも買収金額で数億円規模の中小企業、ベンチャー企業の買収も数多く行っています。

これは上場企業のプレスリリースをこまめに見ていればよくわかります。

もちろん、過剰な買収資金を投じて、逆に企業価値を毀損させてしまえば元も子もありませんが、**日本企業も欧米と同じように株主重視の経営が求められるにつれ、積極的に企業買収による成長を検討せざるをえず、その結果、日本のM&Aは増える**ことになります。

前述したように、日本のM&A取引総額の対GDP比は欧米の半分あるいはそれ以下ですので、日本のM&A市場は将来的に倍増するポテンシャルを秘めています。

かつて「日本マクドナルド」創業者の藤《ふじ》田《た》田《でん》氏は、

「日本はこれからも欧米化していくから、欧米で流行っているビジネスをやれば儲かる」

という趣旨の発言をしていました。

すべてとは言い切れないとしても、欧米で先行したビジネスやビジネス手法が、総じてその後の日本でも普及する傾向にあるといえます。

日本でもM&Aが普及してきたといえども、欧米と比べればM&Aに対する感覚はまだまだ全然違います。

弊社で売却を支援した例ですが、日本の総代理店としてヨーロッパの雑貨を輸入・販売している会社がありました。

買い手が見つかり、最終的にM＆Aを実行する前に、売り手のオーナー社長は、仕入れ先である海外メーカーからM＆Aについて了承を得ることを買い手から求められました。

売り手の社長は、

「長年信頼関係で取引してきたのに、会社を売却するなんて言ったら、取引を切られるかもしれない」

と思い悩んでいましたが、海外メーカーの社長に対して、メールでおそるおそる売却する意向を伝えたところ、

「おめでとう！　了解しました」

との返信がすぐに来て拍子抜けしていました。

欧米では、会社を売却できることは成功者の証であり、人にいうのがはばかられるようなことではありません。

「IBM」の元CEOであるルイス・ガースナー氏は、著書『巨象も踊る』の中で、買収は成功確率が低いので、むやみに買収などするものではないと安易なM＆Aをいさめています。

では、ガースナー氏がM＆A否定論者かというとそうではありません。

ガースナー氏がＩＢＭのＣＥＯ在任中の9年間で、ＩＢＭは90社買収しているのです。

つまり、**むやみに何百社も買収するのではなく、戦略に合う会社を厳選して90社買収したということです。**

これが米国の経営者の感覚です。しかもこれは最近の話ではなく、１９９０年代の話です。

「グーグル（持株会社はアルファベット）」「アマゾン」「フェイスブック」「アップル」「マイクロソフト」の米国のテクノロジー大手5社（これら5社を総称して「ＧＡＦＡＭ」と呼ばれる）も、これまで**5社総計で優に700社以上の買収を実行し、日常的ともいえるほど頻繁にM&Aをしながら企業価値を増大**させてきています。

結論として、これまで見てきたように売り手、買い手の要因、またマクロ的視点、欧米との比較から考えても、**今後、中長期の傾向としては、日本の中小企業のM&A件数は間違いなく増えていきます。**

Q4 売り手と買い手はどちらが多いのですか？

A

ある一時点で見ると買い手の数が圧倒的に多くなります。一定期間内の相談数でカウントすると、買い手のほうがやや多いという程度です。

売り手、買い手がいくらいても、ふさわしい相手と出会わなければM＆Aは成立しません。

そのためには、売り手と買い手の双方が相当数、出会いの場であるマーケットに出てこないといけないわけですが、我々のように仲介の仕事をしていると、

「売り手と買い手はどちらが多いですか？」

ということを頻繁に聞かれます。

これは、**ある一時点だけで見ると、圧倒的に買い手が多い**ということになります。

なぜなら、**売り手の会社は、決まりやすい案件であればすぐに複数の買い手と交渉に入り、比較的短期間に成約**してしまいます。

逆に、業績が悪かったり、条件が高すぎたりすると買い手がつかないので、そもそも売却支援ができない会社も多々あります。

あえて乱暴ないい方をすると、**「売れるものはすぐ売れるし、売れないものはいくらがんばっても売れない」**ということです。

1年以上にわたって売却活動をする会社というのはあまりありません（もっとも着手金をとる仲介会社は、着手金をもらう以上、数カ月や1年でやめたというわけにはいかないので、何年間にもわたって、相手を探しつづけることがあります）。

一方、買い手というのは、もちろん場合によっては絶対にすぐにでも買収したいという会社もありますが、通常は恒常的にM&Aの対象となる会社を探しています。

したがって、**ある一時点で見ると買い手が圧倒的に多くなります。なぜなら、売り手の会社はフローで随時入れ替わっていきますが、買い手の会社数はストックで積み上がっていくため**です。

Q5 売り手と買い手の考え方の違いは何ですか？

では、**一定期間内（たとえば1カ月間とか1年間）で、売り手と買い手のどちらからの依頼が多いかというと、これはやや買い手が多い**という程度です。不景気には売り手が増え、好景気には買い手が増えるという傾向は多少ありますが、それほど単純でもありません。

なぜなら、前述したように、不景気で業績が悪化した会社は売却自体が難しく、売却案件としてカウントできないケースも多々あります。

また不景気により、本業で事業を伸ばすことが難しいとわかった会社は、資金的に余裕があれば、周辺事業の会社の買収を考えたり、第二、第三の事業の柱をつくっていくために新規事業の買収に走ったりすることがあるためです。

時期によっては、売り手と買い手からの相談がほぼ同数ということもありますが、**通常は買い手からの依頼が全体の55～60％**といったところです。

A

売り手はオーナー社長が心の中で相手を決めれば一途ですが、買い手は関係者が、ほかの選択肢とも比較検討しながら判断していくので移り気です。

売り手と買い手が出会い、相思相愛になったとしても、最後までどうなるかわからないのがM&Aの世界です。

売り手の社長が「この会社に経営を任せたい」、買い手企業も「ぜひ会社をお譲りいただきたい」となって条件交渉が進んでいても、どちらかの気が変わって「やっぱりやめた」となれば、即ブレイク（交渉が決裂すること）となってしまいます。

ただ、**いい感じで相手方との交渉が進んでいるときに、急に交渉のテーブルから降りるのはだいたい買い手です。売り手が突然やめるといい出すことはあまりありません。**

そういう意味では、**売り手はいったん心の中で相手を決めれば一途ですが、買い手は移り気**といえます。

中小企業のM&Aは、売り手はオーナー社長個人ですので、その個人の感情が大きく影響します。

売り手にとって自らの会社を売却するということは一生に一度あるかないかのことであり、よくよく考えたうえでの決断です。

そして、相性も条件もいい買い手と出会うと、「なんとしてもそこと話をまとめたい」という気持ちになります。

いま交渉中のところと破談になれば、また別の買い手候補と一からこのプロセスをやるかと思うと、精神的負担が大きく、「早く話がまとまってすっきりしたい」と考えるようになります。

一方、買い手というのは通常、個人ではなく企業であり、感情で動くというよりも、複数の関係者の合理的な判断によって物事を決めていきます。

いくら魅力的な会社だと思って買収交渉を進めていても、検討の過程で戦略と合致しないことがわかったり、ネガティブな要素が見つかったりすれば、比較的簡単に見送りということになります。

M&Aに積極的な買い手であれば、複数の案件を同時並行で検討していることもよくあります。

ほかのM&A案件を含めてより魅力的な投資対象が新たに出てくれれば、すぐに乗り換えてしまって、交渉中の案件はいったん保留や見送りとなってしまいます。

また売り手は、後継者もおらず、従業員や取引先のことを考えると、「第三者への譲渡しかない」と考えていることもありますが、**通常買い手にとってはM&Aは絶対にしなければならないことではない**ので、**売り手と買い手との間で相思相愛になっていても、思い入れの温度差があります。**

売り手としては、買い手のこのような性質を理解したうえで、いくら相思相愛になったとしても、ひとつの買い手にゾッコンにはならずに、なるべくほかの買い手候補とも交渉を続け、選択肢を残しておくべきでしょう。

一社に対して思い入れが強すぎて、ほかに選択肢をもっていないと交渉力が弱くなってしまうからです。

買い手としては、売り手のオーナー社長の感情に配慮した交渉や対応（断るときでも）が求められます。

Q6 M&Aで人気があるのは、どのような業種ですか？

A

「ストック型ビジネスで安定している」「規模のメリットが働く」「市場が伸びていて利益率が高い」などの特徴がある業種が、買い手から人気があります。

先ほどの売り手と買い手のどちらが多いかという話は、すべての業界をひっくるめたマーケット全体としての話でした。

ここでは業種によって売り手、買い手の数が大きく変わるかどうかをお話しします。

まず売り手から見ていくと、じつはどの業種の売り手がとくに多いということはありません。

これは第2章で詳述する売却理由から考えてもわかるのですが、主な売却理由である
「後継者不在」

「創業者利益の獲得」

「先行き不安・業績不振」

「選択と集中」

などは、どの業種の経営者にも当てはまる問題だからです。

したがって、我々のような仲介者は、日々あらゆる業界の経営者からまんべんなく売却相談を受けています。


一方、売り手とは違って、**買い手は業種によって多い少ないが比較的はっきり**しています。

買い手が多い、つまり**人気のある業種やビジネスの特徴**をまとめると以下のとおりです。

◎ストック型（継続的に売上が立つ）ビジネスの要素が強く、毎月の売上が安定している
◎規模のメリットが働きやすい業種（寡占化が進んでいない業種であればなおよい）
◎市場が伸びていて利益率が高いビジネス

◎人手不足の業種

具体的な業種でいうと、とくに人気があるのは、調剤薬局、介護（有料老人ホーム、グループホーム、福祉用具レンタルなど）、ビルメンテナンス、マンション管理、人材派遣、ＩＴ、ＥＣ（ネット通販）、保育園（認可保育園）、物流、タクシー、税理士・会計事務所などです。

これらの業種は売り手市場です。

人気のある業種の会社でしっかり利益が出ていれば、あとは売却条件の設定さえ間違えなければ、売却は容易です。

たとえば調剤薬局は、最大手から数店舗を運営している中小まで、また異業種も含めて２００社以上から買収依頼が来ています。

調剤薬局は10年以上前からＭ＆Ａが最も活発な業界ですが、トップのアインホールディングスでもシェア３％程度しかなく、寡占化が進んでいません。

しかも、薬の仕入れ、薬剤師の人繰り、経営管理などで規模のメリットが働きます。

したがって、調剤薬局はまだまだ業界再編の余地が大きいといえます（医薬品卸の業界が、「メディパルホールディングス」「アルフレッサホールディングス」「スズケン」「東邦ホールディングス」の４社で寡占状態であるのとは対照的です）。

先ほどあげた業種は、ストック型ビジネスの業種が多く、程度の差はありますが、**「寡占化されていない」「規模のメリットが働く」という特徴**があります。

ほかにはＩＴ業界も市場が伸びており、非常に人気はあります。

しかし、優勝劣敗が激しい業界ですので、個々の企業の収益性やビジネスモデルの持続性が厳しく診断されます。

またＩＴなどの人手不足の業界では、優秀な人材の確保を目的とした買収もよく行われています。

たとえば、ＡＩ技術者が多数在籍している企業を、現在の業績を取り込む意図ではなく、なかなか採用できない優秀な技術者をまとめて獲得する目的で買収するような場合です。

このように人材獲得目的で買収することを、「アクワイア」（acquire、買収する）と「ハイア」（hire、人材を雇う）をあわせて、**「アクハイア」（acqui-hire）**といいます。

反対に、**買い手が少ない業種、つまり人気のない業種は、先ほどと逆の特徴をもっている業種**になります。

あえて個々の業種名はあげませんが、**「フロー型ビジネスで固定収入がない」「規模のメリットが働かない」「市場が縮小していて利益率が低い」などの特徴**がある業種です。

また、製造業、サービス業という分け方でいうと、先ほど人気のある業種であげたものはすべて広い意味でのサービス業であり、**総じて製造業は、サービス業ほど人気はありません。**

サービス業は基本的に設備投資があまり必要なく、したがって借入金が少ない会社が多く、異業種からの新規参入もあり、製造業に比べて売却しやすいといえます。

またサービス業の会社は、多くの場合、内需に対応していることが多く、メーカーほどグローバル競争にさらされていません。ですから、しっかり利益を出していれば多くの買い手が手をあげます。

一方、製造業は、ニッチな製品をつくっているところも多く、まったくの異業種が買い手になることはハードルが高く、どうしても買い手は同業周辺に限られてきます（ただし、一定の業績があればファンドは有力な買い手候補になります。ファンドがどのような会社に投資するかについては、第4章で説明します)。

また製造業はグローバル競争の中で海外製品におされ、日本全体が設備過剰となっている中で、借入金負担が重く、業績に苦しんでいる会社が比較的多いといえます。

もちろん独自の技術や設備をもち付加価値が高い製品を製造していたり、ファブレスメーカーで企画・開発・販売などが強かったりすれば、買い手がつく可能性は十分あります。

Q7 中小企業はどのように企業評価しますか?

A 「時価純資産額+営業権」と「EV/EBITDA倍率」の2つの企業評価の方法がよく使われています。

どのM&Aの解説書を読んでも、企業価値（株主価値）評価の方法としては以下の3つが紹介されています。そして、この3つの評価を総合して企業価値が決まると書かれています。

①コストアプローチ（「時価純資産額」を基準にする方法）
②インカムアプローチ（「将来の収益性」を基準にする方法）
③マーケットアプローチ（「類似会社、類似取引の事例」を基準にする方法）

この中でも、インカムアプローチのひとつであるDCF法は、ファイナンスを勉強したことがある人にとっては馴染みがある企業評価方法といえます。

DCFとは**「ディスカウンティッド・キャッシュフロー」**の略で、**将来のキャッシュフローを一定の割引率で割り引くことによって現在価値を求める方法**です。

ここでは詳細な計算方法は説明しませんが、この方法は理論的には非常に精緻にできており、ビジネススクールのファイナンスの授業でも必ず教えられるものです。

しかし、**実際の中小企業M&Aの売り手と買い手の価格交渉の現場では、DCFが議論**

になることはほとんどありません。

なぜなら、**DCFは事業計画（将来のキャッシュフロー予測）をどうするか、また割引率をどう設定するかによって、驚くほど計算結果（企業価値）が変わってしまうので、事業計画や割引率に関して、売り手と買い手で合意に至ることが難しい**ためです。

そもそも売り手が提出する事業計画をそのまま信じる買い手はいません。

買い手としては、自社の事業計画がそのとおりに達成されたことがないのに、他社の事業計画をそのまま信じることができないのは当然でしょう。

したがって、中小規模のM&Aの実際の交渉現場では、この有名なDCFは俎上に上がることはまずありません（買い手が独自に内部資料としてDCFで対象会社を評価するということはよくありますが、売り手と買い手との間では議論の対象にはならないということです）。

では、**実際の中小企業の交渉現場で、どのような企業価値（ここでは株主価値）算定の方法がよく使われるか**というと、ちょうど先ほどあげた3つのアプローチをミックスしたような方法になります。

それは**「時価純資産額＋営業権」という算定方法**です。

なぜこれが3つのアプローチをミックスさせたものといえるかについて説明します。

まず、「時価純資産額」とは、すべての資産を時価評価し直し、総資産額から総負債額を引いたものですが、これはそもそもコストアプローチの考え方です。

次に、「営業権」は営業利益や経常利益の数年分として算出される場合が多いのですが、これは収益性が基準になっているので、インカムアプローチの考えを取り入れています。

たとえば、過大な役員報酬や節税があればそれらを調整したうえで、過去3期分の実質営業利益の平均をとり、その数年分を営業権とします。

最後に、営業権の計算における利益の「数年分」の部分ですが、ここが何年分になるかは業種や会社の特性によって変わってくるので、これはマーケットアプローチの考え方になります。

たとえば、流行り廃りの激しい飲食業界ですと、せいぜい営業利益の2年分程度しか営業権がつかない場合が多いですが、今後とも一定の利益がほぼ確実に見込める業種や市場が成長している業種であれば、営業利益の5〜6年分以上つくということもあります。

時価純資産額が1億円で、実質営業利益が3000万円の会社があったとします。

この会社の営業権が実質営業利益の3年分の評価となった場合は、この会社の株式100%の売却価格は、

時価純資産額＋営業権（実質営業利益の3年分）＝1億円＋3000万円×3＝1・9億円

ということになります。

もうひとつよく使われる企業価値算定の方法に**「EV／EBITDA倍率（マルチプル）」**というのがあります。

EVは「enterprise value」の略で、日本語では**「企業価値」**または**「事業価値」**と訳されます。

EBITDA（earnings before interest taxes depreciation and amortization）とは、利払い前・税引き前・減価償却前利益のことで、簡易的には「営業利益＋減価償却費」で求められます。

EV／EBITDA倍率は、譲渡価格が数億円から数十億円規模の場合、業種や成長性、金融市場の状況などによって5〜10倍程度で評価される場合が多いのですが、仮にEBITDAが3億円、現預金2億円、有利子負債5億円の会社が、6倍で評価された場合の株主価値を求めてみます。

「EV＝株主価値－現預金＋有利子負債」ですので、式を変形すると、「株主価値＝EV＋現預金－有利子負債」となり、実際に計算すると「株主価値＝3億円×6＋2億円－5

億円＝15億円」となります。

このEV／EBITDA倍率という算定方法は、キャッシュフローを重視する手法で投資会社・ファンドが従来から用いていましたが、近年は事業会社においてもこの算定方法を採用するところが増えてきています。

じつは、EV／EBITDA倍率などの「倍率」を用いる評価方法とDCFなどの「割引率」を用いる評価方法は、共に成長性と安定性によって企業価値が算定され、倍率が割引率の逆数と同じになり、考え方に違いはありません（ここでは議論の詳細には踏み込みませんが、『会社の値段』（森生明著）で詳しく説明されています）。しかし、「倍率」のほうが直感的に理解しやすく、またほかの事例とも比較しやすいため、普及していっているものと思います。

またベンチャーキャピタル（VC）がスタートアップ（ベンチャー企業）に投資するときと中小企業のM&Aの評価方法の違いについてもお話しします。

VCは、経営権（過半数の株式）を取得することはなく、あくまで経営はオーナー社長に任せて、少数株主として側面的な支援をします。

したがって、VCによる投資は、ビジネスモデルに対する評価もさることながら、オーナー社長の能力、やる気、人間性に賭けるという意味合いが非常に強くなり、その前提で、現在は赤字の企業であっても、将来の成長性を大きく加味した評価がつきます。

一方、中小企業のM＆Aは、オーナーが経営権を売却することが前提になっており、仮に譲渡後もオーナー社長が何らかの形で会社に残るとしても、オーナー社長の能力などに賭けるという要素はあまりなく、将来の成長は取り込まずに、基本的には過去の業績に基づいた評価がつくことが多くなります。

Q8 欧米と比べて、日本のM&Aの売却価格の評価が低いのはなぜですか？

A ひとつは日本では、多くの市場で成長が見込めないからです。もうひとつの理由は、日本と欧米では、売却理由が異なるからです。

全体の平均をとった場合に、日本のとくに未上場企業のM＆Aは欧米のM＆Aと比べて企業価値の評価が低くなっているといわれています。

このことは第4章で紹介するファンドが買収する際の平均のEV／EBITDA倍率のデータにもあらわれています。

この要因として、**日本は人口が減少しており、多くの業種で市場の成長が見込めない**ということがありますが、私は**もうひとつの要因として、欧米と日本では、売却理由が異なるからではないか**と考えています。

前述したように欧米では、企業売却は成功者の証と見なされており、タイミングを見計らって、自社が成長中で最も高く評価されるときに売却しようと多くの経営者が考えています。

一方、日本では、一番いいときに売り抜けようとする経営者はまだ少なく、

「高齢になってきたが後継者がいない」

「健康問題があり体力的にも厳しい」

「業績不振で単独での生き残りが難しい」

などのやむにやまれぬ理由で売却を決断する経営者が大半です。

そうすると、**少しでも高い価格で売却しようとはせず、「従業員と取引先にとって最もいい相手に譲渡をしたい」という発想で相手先を選ぶ**ことが多くなります。

その結果、日本のM&Aは、欧米と比べると低い評価で売却価格が決まる傾向があり、このような全体的なM&Aの市場環境をもとに売却価格の相場が形成されています。

しかしながら、日本でも、会社設立数年で成長中の会社を売却する若い経営者や、起業と売却を繰り返すシリアルアントレプレナー（連続起業家）が増えてきています。

若くして会社を売却する人は、次にやりたい事業があり、なるべく多くの軍資金を得ておきたいため、売却価格に非常にこだわる傾向があります。

このような若くして売却する経営者の割合が日本でも増えてくると、欧米との企業評価の差は縮まってくるはずです。

Q9 M&Aは成功の確率が低いのですか？

A

なんともいえません。なぜなら、誰にでも適用できるM&Aの成功の定義や尺度はなく、当事者がそれぞれの立場で、M&Aの目的が達成されたかどうかで成否を判断するしかないためです。

M&Aの成功の確率は半分とも3分の1ともいわれますが、いったい何をもって成功とか失敗といわれるのでしょうか？

また、誰にとっての成功、失敗なのでしょうか？

買い手が上場企業の場合は、株価がM&Aの前後において市場平均や業界平均と比べて上がるか下がるかで一般的には成否が判断されています。

ただし、M&A直後に株価が下がって一定期間後に株価が上がる場合やその逆の場合もあります。

株価というのは、さまざまな要因により形成されるものですが、M&Aが株価にどれだけの影響を与えたのか特定できないので、株価でM&Aの成否を正確には測れません。

また、買い手が上場企業の場合は、まだ株価はひとつの目安として見ることはできるかもしれませんが、そもそも市場で株価が形成されない未上場企業であれば、株価は目安にすることさえできません。

私は**どの買い手企業にも適用できるM&Aの成功の定義や尺度はない**と考えています。

なぜかというと、**M&Aは買い手によって買収理由や戦略が異なる**からです（買い手の買収理由、買収戦略については第3章で詳述します）。

買い手にとっては、買収の目的を達成できたかどうかによって成否を測るしかありません。

しかし、買収の目的というのはほとんどの場合、公表されませんし、プレスリリースなどで公表されたとしても、それが真の目的なのかどうかは第三者にはわかりません。

たとえば、プレスリリースでは、シナジーを創出してグループとして業績を伸ばすということが書かれていたとしても、実際は、幹部候補の社員に、子会社の社長としてマネジメント経験を積ませることが大きな買収目的になっているかもしれません。

また**仮にM＆Aの成功率が半分や3分の1だとしても、新規事業への投資の成功率と比べてどちらがいいかという視点**もあります。

通常は、新規事業は3分の1もうまくいかないので、それに比べるとM＆Aは成功率が高いといえるかもしれません。

次に、売り手にとってのM＆Aの成功とは何でしょうか？

売り手は買い手と条件が折り合わなければ、売却しなければいいだけです。

売却したということは少なくとも納得のいく相手、条件だから契約書に判を押したということです。したがって、**売却して譲渡対価を得た時点で基本的には成功**といえます。

もちろん、たとえば、従業員のことを考えて譲渡した場合は、譲渡後に従業員がハッピーにならなければいけませんが、やはり一義的には譲渡が成立した時点で成功といえるでしょう（一定期間は損害賠償を受けるリスクは残りますが）。

[図表1] 当事者別のM&A成功の尺度

当事者		M&Aの成否の尺度
買い手企業	株主（上場企業）	買収後の株価（ただし、M&Aが株価に与える影響は特定しづらい）
	経営者（上場企業） オーナー社長 （未上場企業）	買収目的を達成できたかどうか？ （ただし、真の買収目的は外部からはわからない）
売り手企業	オーナー社長	納得のいく相手先に、納得のいく条件で売却できたか？ 譲渡前に想定していたことが実現したか？
	従業員	労働環境、待遇、安定性、キャリアパス、やりがい等が改善されたか？

最後に売り手企業の従業員にとっての成否を考えてみます。

従業員はM&Aの意思決定者ではありません。したがって、主体的にM&Aをするかどうか判断することはできず、あくまで状況を受け入れるか辞めるしかありません。

そういう立場ではありますが、従業員にとっての成否があるとすればそれは、**労働環境や待遇が改善したか、経営基盤が安定したか、キャリアパスが広がったか、仕事によりやりがいをもてるようになったか**ということになります。

[図表1] に当事者別のM&Aの成功の尺度をまとめましたので、ご参照ください。

第2章

売り手の真実

売却する5つの理由と売り手が知っておくべきこと

Q10

会社を売却する理由はどのようなものがありますか？

A

「①後継者不在」「②創業者利益の獲得」「③先行き不安・業績不振」「④選択と集中」「⑤会社の発展・社員の将来」の5つの理由があります。

「M＆Aは売り手がいないと始まらない」といわれますが、まずは売却理由から「売り手の真実」についてお話ししていきます。

中小企業のオーナー社長が会社を売却する理由は【図表2】の5つに大別されます。ただし、売却理由は完全にどれかひとつに分類できないことも多く、2〜3の理由が合わさっていることもよくあります。

それぞれの売却理由について、ひとつずつ見ていきます。

[図表2]会社を売却する5つの理由

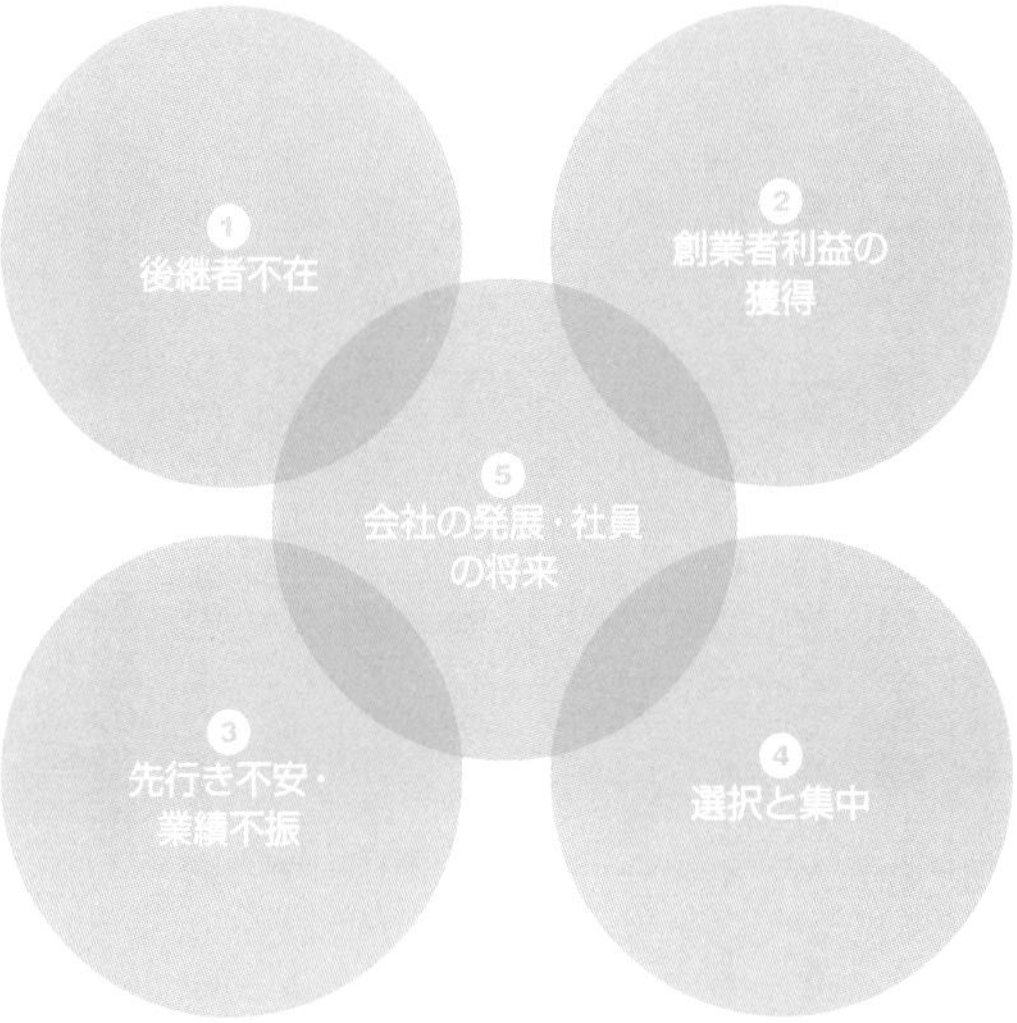

売却理由① 後継者不在

社内に親族などの後継者がおらず、かといって会社を清算すると従業員や取引先に迷惑をかけるため、譲渡によって事業承継をはかるケースです。

第1章でも述べたように、オーナー社長の子どもが別業界で一般の会社員をしていて継がなかったり、また子どもが社内にいたとしても、今後の経営環境や子どもの経営能力を冷静に考えた場合に、あえて継がせなかったりすることが多くなってきています。

帝国データバンクの調査によると、国内企業の社長の平均年齢は約60歳で、そのうち3分の2の企業は後継者が決まっていないという状況が続いています。

病気や家族内の介護の問題がきっかけとなったり、また第二の人生、ハッピーリタイアを志向したりして、売却を決断するオーナー社長が増えています。

売却理由② 創業者利益の獲得

30代から50代のまだまだ働き盛りの経営者が、いったん会社を売却して、それで得た資金で別のことをしたい、またはアーリーリタイアしたいというケースです。

実際には、日本ではアーリーリタイアを望む人はまだまだ少なく、次にやりたいことが決まっているかどうかは別として、資金を得て別のことにお金を使いたいという動機がほとんどです。

次のことが決まっていない場合は、売却したあとに今度は買い手に転じてM&Aによる買収を検討するということもよくあります。

事業の立ち上げは好きでやりがいを感じるが、いったん出来上がったビジネスを管理することにはあまり面白みを感じないため、一度売却してまた新たな事業をしたいという経営者が、創業者利益の獲得を志向します。

実際、売却の相談にお見えになる社長で「本音をいうと、経営に飽きた」といわれる人も多くいらっしゃいます。

ただ、創業者利益の獲得が一番の売却理由になっていても、先ほど述べた将来的に子どもに継がせる気がないことが早期の売却をあと押ししていることもあります。

多くのベンチャー企業の社長がＩＰＯ（新規株式公開）をひとつの目標として目指したとしても、実際に国内でＩＰＯができるのは年間１００社程度と狭き門です。

M&Aによる売却によって創業者利益を得ることは、ベンチャーの本場である米国では当たり前のこととして受け止められています。

ベンチャーキャピタルが投資した米国企業において、エグジットの際のIPOとM&Aによる売却の割合は、1対9でM&Aによる売却がほとんどです。米国では、はじめから大手企業への売却を目指して創業することもよくあります。

いまや、世界的な巨大企業になっている会社も、過去に売却を模索しています。

たとえば、グーグルは１９９９年にExciteと、ネットフリックスは２０００年にブロックバスターと売却交渉していますが、いずれも金額が折り合わず破談しています。

テスラも過去にアップルに売却をもちかけましたが、相手にされませんでした。

これらは創業者たちがインタビュー、著書、ＳＮＳなどであけっぴろげに語っています。

このように米国では、会社の売却はオーナー社長が当然にもつべき選択肢のひとつと考えられています。

日本では売却を目指してベンチャー企業を立ち上げるということは、まだ一般的ではありませんが、ＩＰＯが現実的には非常に狭き門であるなか、売却が創業者利益を得ることの最も現実的な手段になってきています。

自分の会社を売却してまた新たなビジネスを始めるなど、何度も新しいビジネスを手掛ける起業家は、欧米では**シリアルアントレプレナー（連続起業家）**と呼ばれていますが、日本でもシリアルアントレプレナーは徐々に増えてきています。

弊社で会社の売却を仲介した売り手の経営者の方が、売却後にまた別の会社を立ち上げ、その3年後に二度目の売却を仲介したということもあります。

売却理由③　先行き不安・業績不振

中小企業は、なかなか規模のメリットが働かず、取引先に対する交渉力も弱いため、利益率が低くなりがちです。

そうすると、ひとたび不況になったり、経営判断のミスがあったりすれば、すぐに倒産の危機に陥ってしまう場合があります。

また、人口が減少している日本において、多くの業種が不況業種となっており、先行き不安や業績不振により、売却を希望するケースが増えています。

当面はまだなんとかなるとしても、不透明な経済環境の中、将来にわたって独力で会社を運営していくことに不安を感じ、資金力がある大手企業の傘下に入ったほうがいいと考える経営者もいます。

将来に対する不安は、業績の悪い会社の経営者だけの悩みではありません。

売上が急拡大してくると、運転資金の増加や新規の投資のために借入金が膨れ上がってくることがあります。

通常、オーナー社長は借入の個人保証をしますので、「もし将来、売上が下がれば本当に借入が返せるのか」と不安になる経営者もいます。

構造的に業績不振が続いていて、再生支援のスポンサーを探すというケースもあります。借入金が過大で返済の目途も立たない場合は、法的整理も含めて検討することになります。

好んで再生案件に投資するファンドや事業会社もありますが、彼らも当然経営再建できる可能性が高い案件にしか投資しませんので、技術、顧客、商圏など何らかの大きな強みがないと売却は容易ではありません。

売却理由④　選択と集中

複数の事業を行っている企業による、ノンコア（非中核）事業や子会社の売却です。ノンコア事業の売却により資金を獲得し、コア（中核）事業に経営資源を投下していくことになります。

スピード経営の時代においては、チャンスがあればいっきに「ヒト・モノ・カネ」の経営資源を投入して先行者利益を狙う必要があり、果断な選択と集中の経営が求められています。

欧米では、経営している複数の事業をポートフォリオとして考え、売上や利益、成長性などで社内の基準を満たさなくなった事業は撤退や譲渡によって入れ替えをはかり、恒常的に選択と集中が行われています。

日本企業もノンコアの事業・子会社の売却をもっと真剣に検討するべきです。なぜなら、一般的にM&Aは買い手より売り手のほうがリスクも低く、満足度も高くなるからです。

買い手は買収した会社がうまくいくかどうかはわからず、成功もあれば失敗するケースも当然ありますが、売り手は契約違反によって損害賠償請求を受けないかぎり、売却した時点でお金が入り利益が確定するためです。

買収戦略をもつ日本企業は増えてきましたが、売却戦略をもつ日本企業はまだまだ少ないといえます。日本の上場企業では、買収件数と売却件数の比率は、2：1から3：1くらいで買収のほうが多い状況です。

経営者には自己正当化の欲求が働き、なかなか負けを認めたがらないものです。

しかし、現在日本でも、資金を効率的に運用する意識が高まっており、戦略的に（買収だけでなく）売却を行っていく企業が増えてきています。

売却理由⑤ 会社の発展・社員の将来

最後は、オーナー社長が純粋に会社の発展や従業員の将来を考えたときに、自分が経営を続けるよりも、よりよい環境、よりよい経営者のもとで会社および社員の成長を目指すべきであると考え、売却に至るケースです。

資本力があり、大企業の顧客基盤をもつグループに入ることで、より大きな仕事をすることを望んで、経営権を譲渡してグループ入りすることもあります。

また、**個人商店から従業員が徐々に増えてきて、「企業」に脱皮する過程において、自**

分の手には負えないと感じて、「しっかりとした会社に経営を任せたい」といって譲渡を望む経営者もいます。

これは後継者がいない、お金がほしい、また業績の不安があるというのが売却の主因ではありません。先代社長から経営を引き継いだ二代目（以降）の社長がこのような判断をする傾向があります。

この場合、いつまでに売却しなければならないということはないので、必ずしも売却ありきではなく、あくまでいい相手先があれば、売却、経営統合を検討するということもあります。

Q11 いつが会社売却のベストタイミングですか？

A

業績がよいのに、オーナー社長の事業意欲が減退したときが一番の売り時です。しかし、結局は業績の良し悪しにかかわらず、事業意欲が下がったときに譲渡を検討すべきです。

売却理由の5つのタイプを見てきましたが、ではどのタイミングで売却するのがいいのでしょうか？

業績が下がったときでしょうか、業績が上向いているときでしょうか、それとも業績が横這いになっているときでしょうか？

ここでは、オーナー社長の事業意欲の有無と、業績（現状および今後の見通し）の良し悪しを4つに場合分けして、会社を売却するタイミングについて考察してみます［**図表3**］。

タイミング① 「業績がよい＋事業意欲が減退」→「いまが売り時」

会社の業績がよいにもかかわらず、社長に事業意欲がなければ、社員が不幸になります。社長につられてやる気のある社員も意欲を失ったり、社員が離れていったりしてしまいます。

社長の事業意欲が下がると、そのうち業績も下がってくるものです。

そうなって**企業価値が毀損されないうちに、能力と意欲のある企業・経営者に経営を委ねることは有力な選択肢になる**でしょう。

中小企業のM&Aの企業価値（株主価値）評価は、直近の利益額が最も影響を与えるので、やはり利益が出ているときでないと、なかなか価値がつきづらくなってしまいます。業績がよく、売上・利益ともに成長過程にあれば、高く評価される可能性があります。

業績がよくても事業意欲を失った社長からは、

「別のことをしたい」
「人の管理に疲れた」
「これ以上事業を伸ばすのが難しい」
「正直いって飽きた」

などの声がよく聞かれます。そのような場合は、ここでいったん会社を売却して、ハッピーリタイアするもよし、新たな事業を始めるのもいいでしょう。

業績がよいのに、社長の意欲が下がっているときは、一番の売り時といえます。

［図表3］売却のベストタイミングはいつか――売り時のマトリクス

		オーナー社長の事業意欲	
		減退	旺盛
会社の業績（現在および今後の見通し）	よい	①いまが売り時	③売る必要はまったくなし
	悪い	②売れるときに売るべき	④あらゆる可能性を検討すべき

タイミング② 「業績が悪い＋事業意欲が減退」→「売れるときに売るべき」

現在業績が悪く、また今後も回復する見込みがあまりないのであれば、売却可能なときに売却しておかないと、会社に価値がつかなくなり、倒産・廃業に追い込まれてしまうかもしれません。

そうなってしまうと、従業員も路頭に迷い、取引先にも迷惑がかかり、また倒産・清算に関わるさまざまなコストが発生します。

現状の業績がよくないとしても、会社がもっている技術、ノウハウ、従業員、ブランド、顧客、商圏、既得権などを評価する会社があるかもしれません。売却可能性については成功報酬のみで支援するM&A仲介会社に相談してみるのがいいと思います。

着手金をとる仲介会社の場合ですと、着手金だけ払わされて、結局、「努力して買い手を探してみましたが、買収を希望するところが見つかりませんでした」ということになりがちです。

タイミング③「業績がよい＋事業意欲が旺盛」→「売る必要はまったくなし」

これは**会社経営にとって最も理想的な状態**です。

このまま経営を続け、事業を伸ばしていくことが、オーナー社長および従業員の幸せにつながりますので、**売却を検討される必要はまったくありません。**

M&Aを検討するとすれば、売却ではなく買収になるでしょう。

シナジーがある事業を適正価格で買収することによって事業領域を拡大し、企業価値の向上を目指すことができます（シナジーについては、第3章で詳しくお話しします）。

タイミング④「業績が悪い＋事業意欲が旺盛」→「あらゆる可能性を検討すべき」

この最後のパターンにはいろいろな可能性があります。

このままなんとか自力で事業を続けるか、事業資本提携などで取引先や大手と組むか、より事業を伸ばしてくれる会社に売却するか、あらゆる選択肢を検討すべきでしょう。

M&Aで会社を譲渡する場合でも、自らは社長または取締役等で経営陣として残ることを条件とすることもできます。

そうすれば、資本力があり、相性が合って、事業を伸ばしてくれる会社に経営権（株式全部か少なくとも過半数）を譲渡しつつも、グループ企業の一員として、経営を続けられる可能性があります。

以上4つの場合に分けて譲渡を検討すべきかどうか見てきました。

もちろん一般論でいえば、業績が下がっているときは、企業価値が過小評価されやすく、そもそも買い手を見つけづらいのは事実です。その反対に、業績が上向いているときは企業価値が過大評価される可能性があります。

そういう意味では、同じ会社でも売却するタイミングによって売却価格は大きく変わるので、タイミングを見計らって売却したほうがいいということになります。

しかし、これは「言うは易く行うは難し」です。

結局私は、**業績の良し悪しにかかわらず、「オーナー社長の事業意欲が落ちてきたとき」が売却を真剣に検討すべきタイミング**と考えています。

Q12 売れる会社は何割くらいですか？

A

2割くらいです。一定の売上があり、実質的に利益が出ていて、借入金が適正水準以下の会社であれば売却できる可能性があります。

譲渡の相談に来られる経営者から、

「うちのような中小企業が本当に売却できるのか？」

とよく聞かれます。

M&Aの解説書の中には**「売れない会社などない」**と書いているものもありますが、それは**我々業界内部の人間からすれば明らかな嘘であり、「売れる会社は多くない」というのが真実**です。

売却できると期待させて安請け合いする仲介会社は、どんな会社でもいいから相談を受けて、着手金をとるのが目的の可能性もありますので注意が必要です。

一般的に成功報酬のみの仲介会社は、なるべく無駄働きをしたくないため、売却支援を受けるかどうかの際にM＆Aが成立する確率をシビアに見極めます。

そのように厳しい目で見ると、売却できる可能性が高いと判断できる会社は、相談をいただくうちの2割程度です。

まず、**売上が1億円以下でかつ利益が出ていないとなると、ほとんど売却できる可能性はありません。**また、**売上は数億円以上でも、2～3年連続で利益が出ていない会社も売却は極めて困難**です。

ここでいう利益とは「実質利益」のことなので、過大な役員報酬や節税によって利益を出さないようにしているのは問題ありません。過大な役員報酬、節税部分を利益換算したあとの実質利益が黒字であれば、売却できる可能性があります。

売上規模に比べて借入金が多すぎる場合や債務超過の会社も、売却は困難です。

借入金の適正水準は業界、ビジネスモデルやその企業の資産状況によっても変わるので、なかなか一概にいうのは難しいのですが、年商の半分以上の借入金があれば、売却は非常に厳しいといわざるをえません。

従業員が数人程度で、従業員の属人的な能力に依存している会社も売却は難しいといえます。たとえば、コンサルティング会社やデザイン会社などです。

社員が何十人もいれば、M&Aを機に社員が2~3人辞めても影響はほとんどないのですが、数人の会社で2~3人の能力のある社員が辞めると、譲渡前の業績を維持することができないためです。

したがって、

◎売上が2~3億円以上ある（業種によっては1億円以下でも可能性はある）
◎実質的な損益が黒字である
◎借入金が適正水準以下で、債務超過でない

というような会社であれば、売却できる可能性は十分あります。

これらはそれほど高いハードルとは思われないかもしれませんが、売却を検討される会社全体の中で、これらすべてに当てはまるのは2割程度になります。

本章では**仲介会社として売却支援する場合の話**として述べていますが、近年、**M&Aプ**

ラットフォーム（M&Aマッチングサイト）がいくつも出てきて、これまでなら仲介会社がコンサルタントをつけて売却支援することができなかったような零細企業も買い手を見つけられる可能性が出てきています。

M&Aプラットフォームについては、第5章で詳しくお話しします。

Q13 どういう会社が売りやすいですか？

A **権限委譲が進んでいて組織的に仕事をしている会社、財務内容がいい会社です。売却希望額を適切に設定することや交渉期間中の業績も重要です。**

どのような会社であればより売却しやすいか、つまり買い手にとって魅力があるかについて、「社内体制」「財務内容・規模」「M＆Aのプロセス」の観点から説明します（売却しやすい業種については第1章のQ6「M＆Aで人気があるのは、どのような業種ですか？」をご参照ください）。

以下に述べる内容は、これまで成功裏に譲渡できた会社の特徴を列挙したものですが、実際このすべてに当てはまる会社はありません。

この中でいくつかでも当てはまっていれば、売却できる可能性があるといえます。

また、もちろん買い手との間でシナジーが大きければ大きいほど売却できる可能性は高くなるわけですが、シナジーは買い手によって異なるので、ここではあくまで売り手企業単体として見た場合の売却のしやすさについてお話しします。

売れる会社の特徴① 社内体制がしっかりしている

◎権限委譲が進んでおり、オーナー社長が（将来的に）抜けても業績に与える影響が限定的
◎社内にノウハウが蓄積していて組織的に仕事をしている
◎決算数字が信頼でき（簿外債務もなく）、経営管理がしっかりしている

◎コンプライアンス上の問題がない

オーナー社長が譲渡後も経営者として残るかどうかはケースバイケースですが、いずれにしてもオーナー社長が（一定期間の引き継ぎ後、または将来的に）抜けたときに、売上・利益が下がり、会社の価値が大きく毀損されてしまう可能性を買い手は非常に懸念します。したがって、**実際にはオーナー社長の影響力が大きい会社が多いのですが、理想的には、オーナー社長が抜けても、影響があまり出ない会社が買い手には好まれます。**

また、属人的な仕事のやり方ではなく、社内にノウハウが蓄積していて、組織的に仕事をしている会社も買い手から好まれます。

これも、買い手としては、M&Aを機に社員が辞めてしまうことを心配するためです。**売却を検討されている場合は、なるべく早い段階から、権限委譲を進め、組織づくりに力を入れることが重要**となります。

決算数値が信頼できることは、もちろん重要です。

毎月試算表を作成し、事業ごとの損益をしっかり管理し、プロジェクトベースで仕事をしている会社はプロジェクトごとの採算管理もしっかりしておくといいでしょう。要は、利益の源泉が資料や数字を見てもよくわからない会社は買い手から敬遠されてしまいます。

コンプライアンス上の問題がない会社が好まれるのもいうまでもありません。最近ではよく未払い残業代が問題になりますが、どこまで細かく法令順守を求めるかは買い手によります。

やはり一般的には買い手が上場会社の場合は、コンプライアンスに厳しいといえます。

売れる会社の特徴② 財務内容がよく、企業規模が大きい

◎**売上・利益が成長または安定している（少なくとも構造的な赤字になっていない）**
◎**自己資本比率が高く、借入金が少ない**
◎**企業規模は大きければ大きいほどいい**

財務内容のいい会社は当然に好まれ、また高い売却価格を設定することが可能になりま

す。

とくに売上・利益が成長過程の会社が非常に好まれます。利益が出ていても年々売上・利益が下がっている会社の評価は低くなり、それだけで売却が難しくなります。

前述したように、M&Aでは、利益は基本的に**「実質利益」**で判断されます。オーナー企業では、とくに儲かっている会社の場合は、生命保険などで種々の節税対策をしていたり、過大な役員報酬をとったりして、会社の利益をあえて圧縮しているケースが多いものですが、それらの影響を排除して実質利益を見ます。

たとえば、生命保険料はそのまま利益換算し、過大な役員報酬は、買い手が社長を出した場合の社長の報酬と比較して、それを上回る部分を利益換算します。

そうはいっても、**決算書の数字を過度に（不合理に）重視するという「決算書バイアス」をもっている人もいるので、決算書の損益計算書上で利益を出しておく**にこしたことはありません。

また借入金が少なく、自己資本比率が高い会社が好まれます。借入金はゼロであればべストです。

借入金の適正水準は業種や資産内容によって変わるので一概にはいえませんが、一般的に年商の2〜3割程度であれば、それほど問題はありません。年商の半分に近づくと黄色信号といえます。

企業規模は大きいほど売却しやすいといえます。

企業規模が大きくなっても買収に関する手間はほとんど変わりませんし、規模が大きければ属人的な要素が少なく、組織で仕事をしている部分が大きくなるためです。

また第4章で詳しく述べますが、**業績が一定以上の会社になるとファンド・投資会社の買収対象になってきますので、打診先の選択肢が増えます。**

売上の最低規模は業種にもよりますが、2億〜3億円程度はないと、なかなか売却は困難です。

ただし、店舗ビジネスやストック型のビジネスであれば、売上1億円以下でも実質利益が出ていれば、売却できる可能性はあります。

売れる会社の特徴③ M&Aのプロセスが適切

◎適切に売却希望価格を設定する
◎買い手からの質問に誠実かつ迅速に答える
◎M&Aの交渉中も月次の業績を維持・向上させる

売却価格は、ある程度交渉の幅をみて、少し高めの希望価格を提示するのは問題ありません。

しかし、相場価格と比べて高すぎると、入り口の段階で興味をもってくれる会社がいなくなるため、売却希望価格は適切に設定する必要があります。

いったん売り手から買い手に対して売却希望額を提示すれば、売り手から価格を上げるという交渉は難しくなるので、絶妙な希望価格の設定が必要になります。

買い手候補との交渉が始まると、買い手からさまざまな質問が出てきます。買い手としては、会社の内容を精査しリスクを把握する必要があるためです。

耳が痛いことも質問してきますが、可能な範囲でこれらに対して誠実かつ迅速に対応することが好印象につながり、交渉を有利に進めることになります。

M&Aの条件交渉は、最初のアプローチから最終契約書の締結まで、2～3カ月以上かかるので、その間にも月次の数字を都度開示する必要があります。

月次の売上・利益が下がると印象が悪くなり、売却価格の減額要因にもなるため、売却を決意したあとも本業は絶対に手を抜かないようにしなければなりません。

以上、売却しやすい会社の特徴を述べてきましたが、もちろんすべてに当てはまる必要はありません。いくつかでも該当していれば売却できる可能性はあるので、あくまで参考としていただければと思います。

いますぐではなく数年後の譲渡を検討している場合であれば、「どのようにすれば売却しやすい会社になるか」という観点から経営改善していくのがいいでしょう。

Q14 売り手にはどのようなインセンティブがありますか？

A

売り手の主要なインセンティブは、「①高く売りたい」「②正当に評価されたい」「③いいM&Aでありたい」「④早く決着したい」の4つです。

次に売り手が売却活動に入ったあと、買い手の選定や買い手との条件交渉のプロセスにおける売り手に働くインセンティブについて見ていきます。

ちなみにインセンティブとは、**人々の意思決定に影響を与えている誘因、人々にある行動を促すための原因**のことです。

インセンティブというと金銭的なものを想像しがちですが、社会的評価を得たいなどの金銭以外のものも含まれます。

要は、**人は何によって報酬を得て、評価され、満足を得るのか**ということです。

M＆Aの交渉において、売り手、買い手の双方が満足する合意を目指すには、相手と自分自身のインセンティブをしっかりと理解すべきです。

売却プロセスにおいて売り手に働くインセンティブは、だいたい以下の4つに集約されます（買い手のインセンティブについては、第3章で説明します）。

①高く売りたい
②正当に評価されたい
③いいM＆Aでありたい
④早く決着したい

ひとつずつ見ていきます。

売り手のインセンティブ① 高く売りたい

売却後にやりたい事業のためになるべく多くの資金がほしい、リタイアしたあとの十分な生活費を確保したいなどが売却理由の場合、少しでも高く売却したいというインセンティブが働きます。

ところで、**売り手は自社の価値を過大評価しがち**です。

それは**自分の会社に愛着をもったり、これまでの投資や苦労を価値としてとらえたりするため**です。

これを行動経済学では**「保有効果」**といいます（売り手に働く保有効果については、拙著『プロフェッショナル・ネゴシエーターの頭の中』の第5章をご参照ください）。

売り手が高く売りたいのは当たり前で、なぜそんなことをわざわざいうのかと思われるかもしれませんが、じつはどのオーナー社長も高く売りたいと思っているわけではありません。

とくに**後継者不在で売却する高齢の社長の場合は、「価格よりも従業員、取引先を大事にしてほしい」という思いのほうが強い場合も多く、全体で見ても3割程度の売り手は実際には価格にそれほどこだわりはもっていない**ものです。

売り手のインセンティブ② 正当に評価されたい

これは必ずしも高い価格で売却したいということではなく、自分が育て上げてきた会社や自分の経営手腕、労力を正当に評価されたいという欲求です。

価格の絶対額には十分満足していたとしても、その価格が、一般的な企業価値の相場から見て著しく低い場合は、「不当に低く評価された」「買い叩かれた」ということになり、感情的に売却に応じないことがあります。

たとえば、対象会社が利益を出しているにもかかわらず、買い手がその会社の純資産額を下回る価格で買収オファーをすれば、もともと価格にはそれほどこだわりをもっていないオーナー社長でも、そのような提案を断ることが多くなります。

売り手のインセンティブ③　いいM&Aでありたい

いいM&Aというのは、「自分にとって条件的にいい」ということではなく、「残る従業員や取引先にとっていい」または「世間体がいい」M&Aということです。

まだまだ日本では、売却イコール身売りと世間から見なされることもあるので、そのような目で見られないように、従業員にとっても雇用が安定し、待遇改善やキャリアアップがはかれるような相手先と一緒になることを望みます。

また、取引先に対しても安定したサービスが維持され、世間に対しても大義名分が立つM&Aを望みます。

売り手のインセンティブ④ 早く決着したい

業績不振で資金繰りに窮していて、早く決着して資金投入してもらう必要がある場合もあります。

買い手にとって、ある会社を買収するかどうかは死活問題ではありませんが、売り手にとって売却できるかどうかは死活問題であることもあります。

そのような業績不振企業でなくても、**いったん売却プロセスに入り、買い手との交渉が始まると、売り手のオーナー社長の心労たるや、想像を絶するものがあるようで、多くの人が「早く決着してすっきりしたい」**というようになります。

これは**当事者になってみないとなかなかわからない**ものです。

トップ面談の席上で買い手からスケジュールの希望を聞かれたときに、売り手の社長は往々にして、「とくにいつまでに売却したいという期限はない」と答えますが、これは額面どおり受け取ってはいけません。

売り手は焦っていると思われると、何かすぐにでも売る理由があるのだろうと勘繰られたり、買い叩かれたりするのを懸念し、買い手の前では、本当は早く売却したいと思って

［図表4］売却理由別のインセンティブ

	高く売りたい	正当に評価されたい	いいM&Aでありたい	早く決着したい
後継者不在	△	○	◎	○
創業者利益の獲得	◎	○	○	○
先行き不安・業績不振	△	△	○	◎
選択と集中	◎	○	○	○
会社の発展・社員の将来	△	◎	◎	×

◎よく当てはまる　○当てはまるケースが多い
△あまり当てはまらない　×通常当てはまらない

いても、そうはいわないことがあります。

私は売り手には、売却活動に入ってからも「絶対に足元の月次の業績は落とさないようにしてください」といつもお願いしていますが、いったん売却プロセスに入ると、売却に意識が向いてしまい、経営に身が入らなくなってしまう経営者もいます。

交渉決裂が続くなどして売却プロセスが長期化してくると、時間をかけてもっと多くの会社にアプローチすればいい条件で売却できる可能性があっても、早く決着してすっきりしたいという思いから、多少条件が悪くても現状のオファーを受け入れる人もいます。

［図表4］は、5つの売却理由別に、売り手にどのようなインセンティブが働きやすいかをまとめたものです。

これはあくまで、一般論としての傾向をまとめたもので、実際のケースにおいては、売り手の個別事情を勘案し、どのようなインセンティブが働いているかを評価します。そして、もしあなたが買い手であれば、それを交渉に活かすことができます。

Q15 売却後も雇用は守られますか？

A 再生案件の場合は別ですが、一定の企業価値がつく通常のM＆Aでは雇用は守られます。

先ほどの［図表4］を再度見ていただくと、どのような売却理由にせよ、「いいM＆Aでありたい」は◎（よく当てはまる）か、○（当てはまるケースが多い）となっているのがわかります。

「いい価格で売却できれば、あとは従業員がどうなっても構わない」とおっしゃるオーナー社長はひとりもいません。

売り手の社長はみなさん譲渡後に従業員がリストラされないかを懸念されますが、実際はそれほど心配はいりません。

中小企業は大企業と違って通常余剰人員は抱えておらず、それぞれの従業員がその会社の中で不可欠の役割を担っています。

中小企業は、少ない人数で業績を上げていて、その業績が買い手から評価されて売却に至るので、逆に買い手から「従業員が辞めないようお願いしたい」といわれることのほうがほとんどです。

大幅な人員削減をしないと利益が出ないような再生案件の場合は、譲渡後に従業員がリストラされる可能性がありますが、そもそものような業績の悪い会社は、売却できる可能性が極めて低いといえます。

現在の業績が評価されて売却に至るということは、その業績を上げている従業員たちが評価されているということなので、そのような場合は、譲渡後に従業員のリストラは行われません。

いずれにしても、**譲渡契約書の中で、従業員の雇用維持や待遇の不利益変更をしないことなどを規定するのが普通**です（ただし、将来経営環境がどうなるかわからないので、契約上は「譲渡後当面の間」や「譲渡後1年間は」というような但し書きは入ります）。

Q16 従業員や取引先には、どのタイミングでいえばいいのですか？

A 譲渡が成立するまでいわないのが大原則ですが、交渉の最終段階で一部の従業員や取引先に話をするケースもあります。

オーナー社長は譲渡に向けた活動を始めても、最終的に譲渡が成立するまでは、従業員や取引先には一切話をせずに交渉を進めるのが大原則です。

なぜなら、**譲渡する相手先が完全に決まっていない中で、売却するという話だけをしてしまうと、聞かされたほうは「会社がヤバいんじゃないか」と考えて、不安だけが先行してしまう**ためです。

人は一般的に、変化（それが現状よりよくなる可能性が高い変化であったとしても）に対しては、不安や恐怖を抱くものです。

したがって、譲渡先およびその後の新しい株主の下での経営方針がはっきり決まるまでは、従業員や取引先に対してはM＆Aのことは話すべきではありません。

また、買い手が上場企業であれば、譲渡成立前にM＆Aの情報を漏らすことは、インサイダー取引に巻き込まれる可能性も出てきます。

そもそも**従業員や取引先に「事前相談」しても、「会社をぜひ売ってください」と社長を目の前にしていう人はいません。**

本心かどうかは別として必ず反対意見が出てきます。

M&Aはある意味オーナー社長が独断ですべきもので、従業員や取引先に事前相談するのではなく、事後にしっかりと説明責任を果たすべきものです。

社長が誠意を尽くして、譲渡の決断に至った理由、従業員や取引先のこともよく考慮して相手先を選定したことを説明すれば、ほとんどの場合は理解してもらえるものです。

ただし、買い手の側から譲渡成立前に、一部の重要な従業員や大口取引先との面談を要求されることがあります。

それは、替えのきかない重要な役割を担っている従業員が譲渡後も会社に残ってくれるか、また売上の多くの部分を占めている取引先が譲渡後も継続的に取引してくれるかを確認できないと買収の決断ができないというケースのときです。

売り手社長としては、これで交渉が破談になったり、譲渡しようとしている情報がほかにも漏洩したりするリスクがあるので、買い手からの従業員や取引先との面談要求は受け入れたくないところです。

しかし、それがないと絶対に買収できないといわれれば、受け入れざるを得ない場合も出てきます。

いずれにしても、譲渡成立前は、必要最低限の関係者だけで協議を進めるべきで、一部の取引先や従業員に話をする場合は、破談の可能性が極めて少なく、またその後、時間をおかずにM＆Aが成立するという交渉の最終段階になるまで待つべきです。

Q17 譲渡後は引退すべきでしょうか？それとも会社に残ることもできるのでしょうか？

A ケースバイケースです。譲渡後の処遇は、自身の希望を明確にしたうえで、買い手との協議によって決めます。

売却相談に来られるオーナー社長から、

「譲渡後は引退するものなのでしょうか、それとも会社に残るものでしょうか？」

とよく質問されます。

それはケースバイケースでどちらの場合もあります。まずは自分がどうしたいかです。

「高齢だが後継者がいない」「売却して別のことをしたい」などが売却理由になっている場合が多いので、実際には売却後も残りたいという社長はあまり多くいません。

オーナー社長というのは何でも自分で決められるものなので、いったんそういう立場になった人が、雇われ社長になって、株主から経営を管理される身分で働くのが嫌だというのもあるでしょう。

ただ、技術者出身の社長が、経営に疲れたが技術に専念したいというような場合には、「役職にはこだわらないので、譲渡後も会社に残りたい」といわれる人もいます。

一方、**買い手側としては、取引先の維持、従業員の掌握という意味で、売り手社長に残ってもらうことを希望する**ことがよくあります。

とくに買い手が異業種の場合や、買い手から適当な経営人材を出すことが難しい場合は、少なくとも一定期間（半年～3年程度）は売り手社長が会長や顧問など、何らかのポジションで会社に残留することを要望されることが多くなります。期限を定めずに売り手社長にそのまま経営を続けてほしいといわれることもあります。

いずれにしても、**まずは売り手社長が自らの希望を明確にしたうえで、買い手と譲渡後の処遇を協議して決める**ことになります。

譲渡後の処遇とは、つまり引き継ぎ期間、残留の有無、その場合のポジション、役割、報酬などです。

Q18 売却活動をしていることが外部に漏れることはありませんか？

A 仲介会社はどこも秘密厳守をうたっていますが、秘密保持を徹底していない業者も多々あるので注意が必要です。

M&A仲介会社は決まって「秘密厳守」をうたっていますが、私から見れば多くの業者は秘密保持を徹底していないといえます。

まず売却活動を始める際には、売り手は仲介会社との間で秘密保持契約書を締結します。そして、仲介会社が買い手に打診する際には「ノンネームシート」（「ティーザー」ともいいます）といってA4判1枚の概要書を作成します。

ここには、企業名等の具体的な情報は書かずに、ぼかした概略情報（業種、特徴、エリア、売上、利益、希望条件など）のみを記載し、売り手から打診許可を得た買い手候補にのみ打診していきます。

弊社にもよく同業の会社から、ノンネームシートが送られてきて、「買い手候補がいれば紹介してほしい」といわれますが、売り手の許可を得ずにこのノンネームシートをばらまいている業者がじつに多いのです。

また、ひどい場合には、複数の業者から同じ案件の話がくることがあります。

こうなると不動産物件のように「出回り案件」と見なされイメージが悪くなってしまい、買い手候補からまともに検討してもらえなくなりますし、情報漏洩という意味でも極めてリスクが高くなってしまいます。

ただし、どの業者、金融機関が情報管理を徹底して行っているかは、なかなか外部からはわかりません。

ノンネームシートは秘密情報ではないということで、どこにでも出しているところが多いようですが、概略情報だけである程度企業が特定できることもありますし、少なくとも複数のルートから同じノンネーム情報が回ってくると、出回り案件の烙印が押されてしまいます。

社長自ら従業員や取引先にM＆Aの話をする前に、彼らが売却の話を「ほかから伝え聞く」というのは絶対に避けなければなりません。

秘密保持を徹底している仲介会社であれば、どこにノンネームシートを出すかについても必ず事前に売り手の許可をとります。

そして、ノンネームシートの情報を見た買い手候補が「買収検討を進めたい」となれば、その買い手候補と秘密保持契約書を締結したうえで、はじめて具体的な情報を出すことになります。

このような業界の内実を理解したうえで、売り手が仲介会社を使う場合には、**事前許可をしたところにしか情報を出さないよう、必ず仲介会社に確約してもらうようにするべき**です。

Q19 売却と買収の両方を検討したいのですが可能ですか？

A 売却と買収では時間軸がまったく異なるので、どちらかに決めるべきです。

弊社にご相談に来られる経営者の中には、「売却と買収を両方検討したい」といわれる人もいます。

いい譲渡先が出てくれれば売却してもいいし、シナジーがあり自社より小規模で買収できるような会社があれば買収したいということです。

しかし、**売却と買収を同時に検討していくのは困難**です。

なぜかというと、時間軸がまったく異なるからです。

売却活動はいったんプロセスが始まると、通常半年以内に最終契約書の締結、譲渡の実行まで完了してしまうことが多いです。

一方、**買収は、「まさに自分たちが買収したい」と思える会社にすぐに出会えることはまれです。もっと中長期の目線で買収先を探していく**ものです。

M&A巧者として知られる日本電産の永守重信氏も、「これは」と思った買収したい会社があれば、自ら声をかけて、買収できるときが来るまで、「5年でも10年でも待つ」と語っています。

したがって、**買収を志向するには、「最低でもこれから5年、10年は経営を続ける」という強い意欲が必要**です。

また、売却プロセスが始まると、資料の提出、質問への回答、買い手候補との面談、仲介会社との打ち合わせなどに忙殺されます。

買収を検討する場合も同様で、仮に意中の会社がすぐに見つかったとしても、1社買収するだけでも相当な労力を使います。普段の業務をしながら、売却活動と買収活動も同時に行うというのは、権限委譲が進んでいない中小企業では不可能です。

以前弊社で売却を支援したマーケティング支援の会社も、当初、60代のオーナー社長は

「売却と買収の両方を検討したい」といっていました。

しかし、時間軸がまったく異なることなどを説明し、売却か買収のどちらを目指すべきか検討してもらったところ、年齢的にもこれから5年、10年と経営を続ける意欲まではないとのことで、売却活動をすることになり、最終的には上場会社に全株式を譲渡して、子会社の会長として3年程度残ることになりました。

以下は別の観点の話ですが、**積極的に買収を繰り返していた会社が、ある日突然、売却（グループ全体の売却）に転じる**ことがあります。

「突然」というのは、我々のような仲介会社がそのような印象を受けるだけであり、オーナー社長としては、10年以上かけて買収を続けて企業価値を最大限上げて、最後に全社を売却しようと、もともと考えていたのかもしれません。

何社も買収しているオーナー社長は、売り手とも身近に接することで売り手の気持ちもわかってきますし、自社がどれくらいの価値がつくかも見当がつくようになり、M＆Aのプロセスにも習熟します。

したがって、売却に対する抵抗感も薄れてくるものです。

Q20 売り手の顧問税理士には、どのようなインセンティブがありますか？

A 「顧問先を保持したい」というインセンティブから、売却に反対することがあります。

M&Aのプレイヤーは売り手、買い手、仲介者・アドバイザーといいますが、もうひとり加えるとすれば、（影のプレイヤーとして売り手社長の配偶者もいますが、それを除けば）**売り手の顧問税理士**になります。

ここでは**顧問税理士に働くインセンティブ**を見ておきます。

売却活動を進めると、売り手は種々の財務資料を買い手に提出したり、決算書の細かい内容を説明したりする必要があります。

ところが、中小企業の場合は、会計業務は顧問税理士に丸投げしている場合も多く、そのような場合は売却活動を進める際には売り手の顧問税理士の協力が必要不可欠になります。

最近は、M&Aに詳しい顧問税理士やM&Aを手掛ける税理士事務所も増えてきて、M&Aに理解がある税理士が多くなってきましたが、**売り手の顧問税理士は、ときに強固に売却に反対することがあります。**

反対の理由として、「条件が低すぎる」「いまは売り時ではない」「社長はまだまだやれる」「息子さんに継がせるべき」などといわれます。

顧問税理士としては、会社が売却されてしまうと、買い手の経理部門や買い手の顧問税理士が会計税務を見ることになるため、「顧問先を保持したい」というインセンティブから、そのような発言をしていることもありえます。

したがって、**売り手としては、顧問税理士がM&Aに精通していて客観的な意見をいっているのかを見極める必要**があります（とくに、譲渡価格の相場観は、相当数のM&Aを成立に導かないと養われません）。

また買い手としては、売り手の顧問税理士が売却に反対したり、デューデリジェンス（買い手側の会計士等が行う買収前の詳細調査）に協力してくれなかったりして話が進まない場合は、買収後も（一定期間）会計業務をお願いするなどの約束をしたうえで顧問税理士の協力を得なければならない場合があります。

Q21 会社を売却するときの成功のポイントは何ですか？

A 「①将来の売却を見据えた経営」「②売却タイミング」「③売却の目的・優先順位の明確化」「④ベストの相手先の選定」「⑤専門家の活用」の5点です。

本章「売り手の真実」の最後に、譲渡を検討している売り手のオーナー社長のために、会社売却の成功のポイントをまとめておきます。

売却成功のポイント① 将来の売却を見据えた経営

「売れない会社はない」というのは嘘です。

「売却できる会社は2割程度」という事実を念頭に、将来の売却を見据えて体制を整えておくことをおすすめします。

具体的には、**権限委譲を進めてなるべく属人的な部分を排除し、組織として仕事をする体制をつくる、そして、公私を区別して過剰な節税や私的な取引をやめて、会社に利益を残し借入金を少なくしておく**などです。

そのようにして企業価値を高め、買い手が好む状態にしておけば、いざ売却することになった段階で、多くの買い手候補が興味を示し、売り手主導で買い手を選定できるようになります。

売却成功のポイント② 売却タイミング

業績の良し悪しにかかわらず、**事業意欲が落ちてきたときがオーナー社長の売り時**です。

しかし、いい条件で売却するためには、業績が伸びているときに売却するにこしたことはありません。

条件をそれほど重視しない場合でも、少なくとも業績が横這いぐらいのときには決断すべきでしょう。

売上が下降中だと過小評価されがちですし、さらに赤字に転落となると売却自体難しくなります。

売却成功のポイント③ 売却の目的・優先順位の明確化

そもそも売却を考えた理由は何でしょうか？

なるべく多くの創業者利益を得たいためか、それとも会社を存続・発展させたいためでしょうか？

売却の目的を大きく2つに分けると、**「売却条件を重視するか」**あるいは**「会社の発展や従業員にとって一番いい相手先を選定することを重視するか」**ということになります。

売却を検討するにあたって優先順位をつける項目としては、譲渡価格、スケジュール、オーナー社長の残留の有無（引き継ぎ期間）、従業員の処遇、買い手企業とのシナジー、M&A後の経営方針などがあります。

100％理想のM&Aというのは現実にはなかなか難しいので、譲れる点、譲れない点を明確にしておく必要があります。

売却成功のポイント④ ベストの相手先の選定

譲渡先については、まず取引先に譲渡するか、あるいは取引先以外の第三者の会社に譲渡するかということがあります。

取引先への譲渡は、「すでに信頼関係がある」という点はメリットですが、「厳しい条件交渉がしづらい」「交渉が破談すれば取引関係に影響が出てしまうかもしれない」というリスクがあります。

第三者に譲渡する場合は、大きく分けて同業に譲渡するか、異業種の会社に譲渡するか（同業と異業種の境目は必ずしも明確ではないですが）ということになります。

同業の会社は事業内容を熟知しているので、経営を任せるという観点では、それほど心配はいりません。

しかし、**同業の買い手は、たんに顧客や商圏がほしいということになりがちで、一般的にいい条件が出づらい**といえます。

また、これまである種ライバル関係にあった同業の会社には売りたくないというプライドの問題もあるかもしれません。

異業種のほうがビジネスモデル全体を評価してもらえるので、いい条件が出やすいのですが、経営を任せて会社の成長につながるか、本当にシナジーを出せるかが不確実であり、また譲渡後もしばらく残ってほしいといわれる可能性が高くなります。

これらのことをよく考慮したうえで、ベストな相手先を選定する必要があります。

売却成功のポイント⑤　専門家の活用

専門家は必要に応じてうまく使うようにします。「ベストの相手先を選んで譲渡したい」「なるべくいい条件で譲渡したい」という場合は、仲介会社を使ったほうがいいでしょう。

情報力のある仲介会社は、常にあらゆる業種の買い手企業から買収ニーズを聴取しているので、同業以外にも思いもよらない買い手候補を提案することができます。

仲介会社の一番の付加価値は、このようにいい相手先を見つけるマッチングにあります（仲介会社の詳細については、第5章で詳しくお話しします）。

すでに相手先が決まっている場合や取引先に売却するのであれば、必ずしも仲介会社を使う必要はありません。

「適正な企業価値を知りたい」「条件交渉の部分だけお願いしたい」「契約書や議事録等の書類の作成だけしてほしい」ということであれば、必要な部分のみ、会計士、弁護士、仲介会社等の専門家を使うこともできます。

事例

会社の育成・譲渡の経験を経てまったく違う分野でリーダーとして活躍

ここで紹介するのは、約10年間育て上げた会社を売却し、その後まったく新しい分野で活躍されている方の事例です。

島田慎二氏は、大学卒業後に格安系旅行会社でのサラリーマンなどを経て、31歳のときに独立し、企業の海外出張や海外赴任を総合的に手配する専門の旅行会社である「ハルインターナショナル」を設立しました。

島田氏は会社設立当初からIPO（新規株式公開）を目標にしていました。

しかし一方では、「もし10年以内に上場できなければ一区切りつけたい」との考えも、もともともっていました。

会社を設立して9年目になろうとするころ、独自に開発した出張管理システムやきめ細やかな対応が評価され大手企業を中心に顧客数を伸ばしており、売上は約20億円で利益も安定的に出ていました。

しかし、当時IPO市場は低迷しており、業績の面から見ても、現実的には近い将来の上場はなかなか難しい状況でした。

また、**島田氏は、事業の立ち上げは非常に好きですが、いったん出来上がったビジネスを徐々に拡大することについては、あまり面白みを感じないタイプの経営者**でした。

島田氏の言葉を借りれば、「事業をゼロから1にするのは得意だし、1から10にすることもできる。でも、10から100にするのは、自分は向いていない」ということでした。

そして、このまま自分が経営を続けるよりも、シナジーがある大手企業の傘下で経営されるほうが、今後の会社の成長発展につながるとの考えで弊社に相談がありました。

しかし、最初に会社売却の相談を受けてから、実際に島田氏が譲渡を決断し、弊社に仲介の依頼があるまで2カ月ほどの期間を要しました。

その間、島田氏は自問自答していました。

「従業員とともにハッピーになろうと、家族的な経営をしてきたのに、ここで会社を売却すれば従業員を裏切ることにならないか？」

「とはいっても、従業員が幸せになることを考えた場合、自分がトップでいつづけることが本当にいいのか？」

島田氏がM＆Aを決断するにあたって、**常に考えていたのは従業員のこと**でした。

そして、最終的には、自分がこのまま経営を続けるより、シナジーが大きく、この事業を必要としてくれる相手先に譲渡するほうが、従業員の雇用継続、待遇改善、そして幸せにつながると判断するに至りました。

そのためには相手先が非常に重要になります。

大手旅行会社の一部門となってしまえば、事業発展のポテンシャルが少なく、すぐに限界が来ることが予想されたので、異業種でシナジーが大きい会社を探すことになりました。

弊社で法人向けのサービスに力を入れている会社を中心に打診していったところ、複数の会社が強い興味を示しました。

その中で、事業の一部として海外赴任手配をしていたリログループが、海外赴任手配の顧客基盤の獲得、海外出張分野へのサービスの拡充、旅行代理における利益の取り込みを目的に、買収を強く希望し条件提示がありました。

その後、条件交渉を経て、最終的にはリロの子会社である「リロケーション・インターナショナル」が、ハルの全株式を取得する形でM＆Aが成立しました。

島田氏は、譲渡後の半年間の顧問期間を経て、ハルから完全に退きました。

しかし、その後も従業員との交流が続き、「事業の売上が伸び、待遇もよくなった」と聞いたときは、自分の決断は間違っていなかったと安心したとのことです。

島田氏はハルから退いたあと、約2年間は仕事をセーブして、世界各国、日本全国を見て回りました。

また、「日本の中小企業を元気にしたい」との思いで、約10年で会社を育て上げて成功裏に売却した経験を活かして、中小企業の経営者の右腕として、マーケティング、システム構築、人事制度などの仕組みづくりの経営コンサルティングも始めました。

島田氏はクライアントの経営者に対して、経営者が報酬をとりすぎないで、**ある程度内部留保をしておくよう指導する**とのこと。

そのようにして**会社の財務体質を健全にしておくことで、将来の投資やM＆Aによる売却も含めてとりうる選択肢が増える**といいます。

島田氏が経営コンサルティング業務をしている中で、経営不振にあえいでいたプロバスケットボールクラブ「千葉ジェッツふなばし」の運営会社のコンサルティングを依頼されます。

島田氏が調査、分析して再建計画を提案したところ、当時の千葉ジェッツの株主より、自ら社長になって再建計画を実行してほしいと依頼され、社長として経営することになりました。

島田氏は、ハルを譲渡する数年前に、ひとりよがりの経営で社員の離反を招いたこともあり、まずは千葉ジェッツの経営理念を明確にして、選手やフロント、ファンや地域、スポンサーなどのすべてのステークホルダーに喜んでもらえる経営を志向しました。

その結果、観客動員数でトップになり、天皇杯も優勝するなど、経営面およびチーム成績ともに大きな成果を出しました。

その後、島田氏は、千葉ジェッツの社長をしながら、Bリーグ（統一されたプロバスケットボールのトップリーグ）のバイスチェアマンに就任し、また「島田塾」をひらき、「クラブの成長なくしてリーグの発展なし」との考えで、ほかのクラブのためにも経営手法を共有しました。

そして、千葉ジェッツは2019年にミクシィに経営権を譲渡し、島田氏は、2020年に千葉ジェッツの役員を退任したうえで、Bリーグのチェアマンに就任しました。

このように、もともとは旅行会社の経営者として会社を育て、上場企業グループへの譲渡を成し遂げた島田氏は、その経験を活かしながらまったく違う分野に転身し、現在はプロスポーツ界の新進気鋭のリーダーとして活躍しています。

第3章

買い手の真実

7つの買収理由と6つの買収戦略

Q22 なぜ会社を買う必要があるのですか？

A 企業のステークホルダーに報いるためです。業績を上げることによって、より多くステークホルダーに報いることができますが、買収は業績を上げるためのひとつの有力な手段です。

現在日本の上場企業の中で、M&Aによる買収を検討すらせず、完全自前主義を貫いている会社は非常に少なく、9割方の会社は買収を検討するようになっています。

では、なぜそもそも企業は、ほかの企業・事業を買収するのでしょうか？

もちろん、絶対買収しなければならないということはありません。

しかし、そもそもの企業の目的から順番に合理的に考察していくと、買収が選択肢の中に入ってくることがわかります。

まず企業の目的から見ていきます。

企業はそもそも「誰のもの」でしょうか？

大きく分けて、「企業は株主のもの」という考え方と、「企業は株主、社員、顧客、社会などのさまざまなステークホルダー（利害関係者）のもの」という考え方があります。

株主もステークホルダーのひとつですので、いずれにしても、企業はいずれかのステークホルダーのものであり、ステークホルダーに報いるためにあるということができます。

では、企業はどのようにして、株主およびその他の利害関係者に報いることができるのでしょうか？

株主には「株価上昇」や「配当」で報いることができます。

社員には「よりよい待遇」「やりがいのある仕事」を提供することができます。

顧客には、「いい商品・サービス」を提供することによって報いることができます。

そして社会に対しては、「雇用を創出」したり、「税金」を払ったりすることにより価値を提供することができます。

これらすべては**業績（売上や利益、とくに利益）を上げることによってはじめて可能にな**

ります。赤字が続いて資金が尽きれば、そもそも企業は存続できません。

業績を上げて、企業を存続・発展させていくことにより、より多くのステークホルダーに報いることができるのです。

次に、業績を伸ばしていくためには、どうすればいいでしょうか？

ここでは企業の戦略論には深入りしませんが、たとえば以下のような方法があります。

[A] 既存事業の規模を拡大して規模の利益を追求する
[B] 新しい商品・サービスを開発する
[C] 本業とシナジー（相乗効果）がある周辺事業を展開していく
[D] 本業と関係のない、新しい事業の柱をつくる

そして、これら［A］〜［D］を実践するためには、優秀な人材、新規顧客、新しい商品・サービス、技術、情報、ブランドなどの経営資源が必要になってきます。

つまり、**M&Aを実施するか否かというのは、これら経営資源を自ら時間をかけて育てていくのか、お金で買うのか**ということです。

もちろん自ら育てる利点もありますし、M&Aにはリスクもあります。

しかし、変化の激しいビジネス環境において、時間を節約して経営資源を得るということがますます重要になってきています。

また、自ら新規事業を起こした場合、うまくいくかどうかはわかりません。

M&Aはすでにある程度、出来上がっている会社やビジネスを買うので、買収後の事業運営がうまくいくかはわかりませんが、経営資源、事業を得るという意味ではすぐに目的を達成することができます。

M&Aの必要性は、つまるところ、**経営資源および事業を育てることに失敗するというリスクを軽減して、時間を節約して出来上がっている経営資源、事業を買う**というところにあります。

このように、ステークホルダーに報いるという企業の目的から考えて、**「業績向上」→「企業戦略」→「経営資源の獲得」**と見ていくと、企業の目的をまじめに追求しようとすればするほど、M&Aによる買収という手段が選択肢としてあらわれてきます（**「図表5」**に企業の目的が企業買収につながる理由をまとめましたのでご参照ください）。

[図表5] なぜ企業買収をする必要があるのか？

①企業の目的	ステークホルダーに報いる ・株主 ・社員 ・顧客 ・社会貢献（納税含む）　etc.
②業績向上	業績がよくないとステークホルダーに 報いることはできない ・利益 ・売上 ・成長性 ・安定性　etc.
③企業戦略	目標とする業績を達成するための戦略が必要 ・規模の利益を追求 ・新しい商品・サービスの開発 ・本業と相乗効果のある事業を展開 ・新しい事業の柱をつくる ・多角化による安定化　etc.
④経営資源	戦略を実行するための必要な経営資源を確保 ・人材 ・顧客 ・商品・サービス ・情報 ・技術 ・ブランド　etc.
⑤買収する理由	自ら経営資源を育てるのと買収するのとでは どちらがいいか？ ●買収の利点 ・時間を買う……すべて独力で経営資源を育てるには 膨大な時間がかかる ・立ち上げに失敗するリスクを軽減する

Q23 実際の買収理由には、どのようなものがありますか？

A 「①売上・シェアを大きくしたい」「②利益を増やしたい」「③業績を安定させたい」「④いろいろな事業をやりたい」「⑤役員・社員にポジションを与えたい」「⑥自分たちがやったほうがうまくできる」「⑦頼まれたから」の7つの理由があります。

先ほど企業の目的はステークホルダー（利害関係者）に報いることであり、そのための手段として買収という選択肢があるという話をしました。

つまり、本来、企業買収は株主、社員、顧客（取引先）、社会などのいずれか、あるいは複数のステークホルダーに報いるために行われるべきものです。

しかし、実際には、企業は**さまざまな理由で買収**を行っています。

ここでは、代表的な以下の7つの買収理由について説明します。

これらの中には、必ずしもステークホルダーのためになっていないものもあります。


以下、7つの買収理由について見ていきます。

買収理由① 売上・シェアを大きくしたい

買収理由② 利益を増やしたい

「他地域（海外含む）に進出したい」

「成長市場へ参入したい」

「人材を確保したい」

「顧客がほしい」

「規模のメリットを追求したい」

「研究開発費、製造コスト、間接費を削減したい」

「ブランド力・技術・特許・許認可・総代理店の地位がほしい」

「将来転売してキャピタルゲインを得たい」

などが、買い手の買収理由としてあげられることがあります。

しかし、これらはすべて煎じ詰めれば、**「売上・シェアを大きくしたい」か「利益を増やしたい」かのどちらか、あるいは双方が買収理由**ということになります。

①と②をあえて併記していますが、コーポレート・ガバナンスの観点からは、「売上を上げるべきなのか」あるいは「利益を上げるべきなのか」というのは非常に大きな問題です。

会社の所有者である株主としては株主価値（株価）や配当額が増えることが最重要で、そのためには**会社の利益（正確にいうと将来キャッシュフローの現在価値）が大きくなることを最も重視**します。

しかし、経営者は必ずしもそうではなく、**利益を度外視して、売上を上げたり成長を目指したりする**ことがあります。

経営者がこのような行動をとるのは、企業規模が大きいほど経営者の名声が上がったり、達成感が得られたりするためと考えられています。

また、成長していないと（少なくとも成長を目指さないと）、優秀な従業員をひきつけられないという考えも影響することがあります。

ここでは経営者のこのような行動の是非は論じませんが、このようにM＆Aも株主利益のためというより、経営者が規模や成長を追求するために行われる可能性があることは知っておくべきでしょう。

買収理由③ 業績を安定させたい

1年の中で繁忙期や閑散期があるビジネス、数年にわたる好況と不況のサイクルがあるビジネス、あるいはフロー型のビジネスをしていて業績が不安定な会社の経営者は、「売上・利益を安定させたい」というインセンティブをもちがちです。

そのため、**買収で事業を多角化することによって、会社全体として業績の安定化をはかる**ことがあります（事業多角化が必ずしも株主から歓迎されないことについては後述します）。

買収理由④ いろいろな事業をやりたい

現業である程度成功した経営者が、「自分はほかのビジネスでも成功できる」という経営者としての能力を世間に示したいといったようなことが動機になって、買収によってさまざまな事業の経営に乗り出すことがあります。

必ずしも「売上や利益を上げたい」「業績を安定させたい」という動機ではなく、現業に飽きて刺激がなくなっている場合に、他事業を次々と買収して自分の王国を築こうとする経営者もいます。

買収理由⑤ 役員・社員にポジションを与えたい

会社の中で管理職の数に余剰感が出てきたときや、将来の社長や幹部候補に経営経験を積ませたいときに、買収が行われることがあります。

そして買い手は買収した会社の社長、取締役や管理職に人材を送り込んで経営にあたります。

ただし、買収した会社の従業員を抱えることになるので、将来的にはまた管理職のポジションが不足するということも起こりえます。

また、オーナー企業の中には、「子どもに事業を残したい」との理由で企業買収をすることがあります。

たとえば、長男に会社を継がせることが決まっていても、次男には長男の下でやらせるのではなく、違う会社を経営させたいと思う場合などです。

買収理由⑥ 自分たちがやったほうがうまくできる

これは、もちろん買収後にシナジーを出して、売上・利益を上げたいということもあり

ます。しかし、それよりも、

「この事業は自分たちがやったほうが絶対うまくできる」

「自分たちがやるべきだ」

といった経営者としての使命感、自尊心、または思いあがりを契機とした買収です。

これはある種人間の本能に基づくものです。

必ずしも金銭的報酬のみを求めたものではなく、能力を発揮して世の中に貢献したいという内発的動機による買収といえます。

買収理由⑦ 頼まれたから

業績不振や経営者に不幸があった取引先などから話が持ち込まれて、救済的な意味合いで行う買収です。

もちろんある程度の勝算や少なくとも損をしないという計算がないと買収は行いませんが、積極的に自ら買収に乗り出したのではなく、頼まれて温情から行う買収です。

以上、7つの買収理由を見てきましたが、売却理由の場合と同様、どれかひとつだけが理由になっているのではなく、複数の理由が合わさっていることもあります。

Q24 買収戦略にはどのようなものがありますか?

A 「①ライバル企業の買収」「②川上・川下への垂直統合」「③商品・サービスの拡充」「④規模のメリットの追求」「⑤周辺分野への進出」「⑥新規事業の獲得」の6つの買収戦略があります。

次に、どのようなビジネス上の戦略に基づいてM&Aが行われるのかを見ていきます。買収対象会社の「商品・サービス」および「市場・顧客」がそれぞれ自社と同じか異なるかによって、買収戦略は以下の6つに分類することができます［図表6］。

買収戦略① ライバル企業の買収

同業で営業上の競合先となっているライバル企業と経営統合して、経営を効率化するた

[図表6] どのような戦略でM&Aが行われているか？

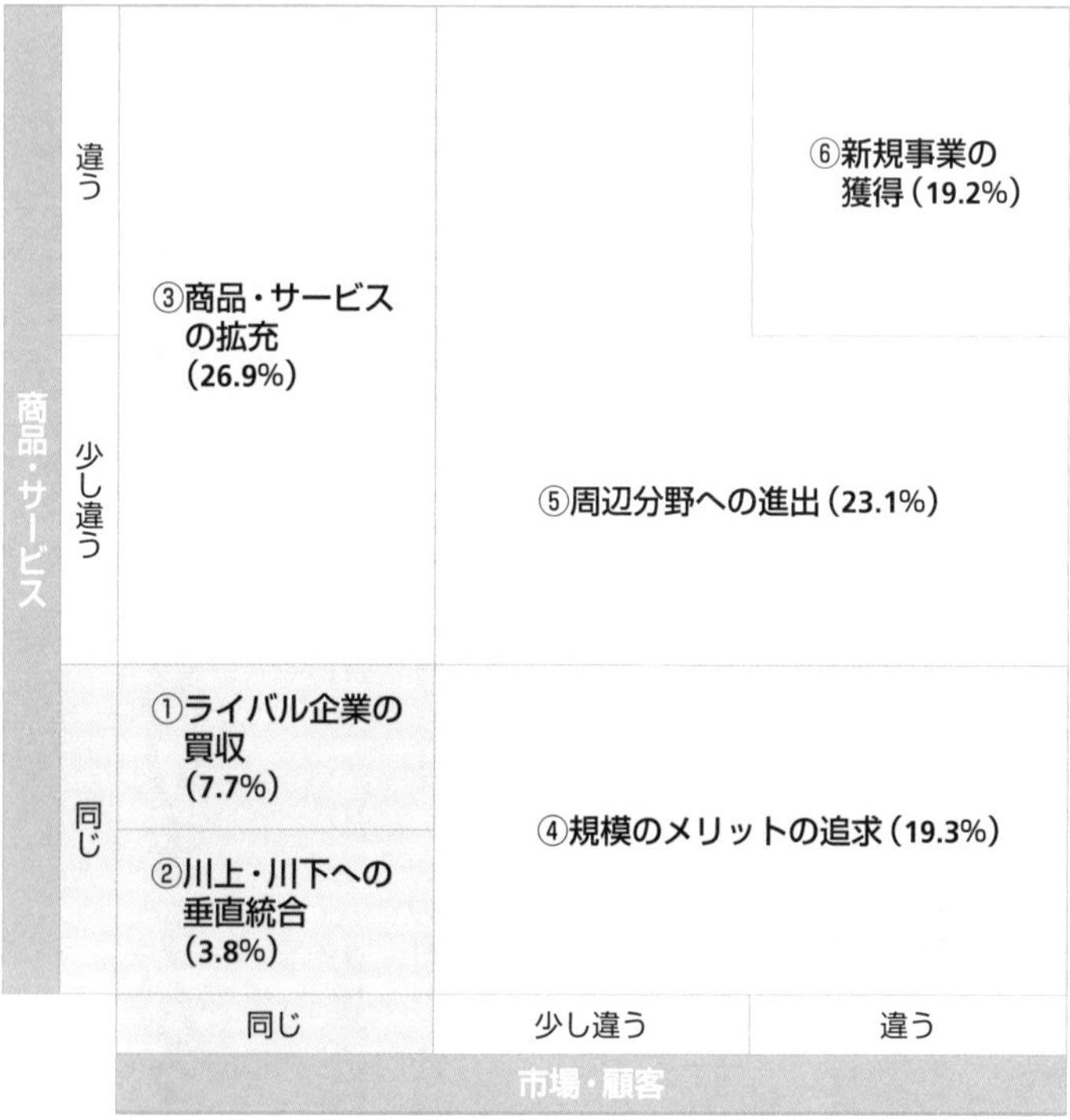

＊括弧内のパーセンテージは、弊社が過去に仲介して成約に至った案件で統計をとっています。

めの買収です。ライバル企業とは、つまり「商品・サービス」も「市場・顧客」も同じ会社ということです。

間接部門を統合することでコスト削減がはかれるので、シナジーは出しやすいといえます。

しかし、ライバル企業とのM&Aは買収される側の心理的抵抗があり、そもそも売り手のオーナー社長が嫌がることがあります。オーナー社長が売却したとしても、幹部社員や社員が辞めたり、士気が落ちたりするというリスクもあります。

また、買い手は基本的には事業に対するノウハウはもっているので、売り手の顧客だけがほしいということになり、そのような場合は、営業権の評価がつきにくく、買い手からいい条件提示が出てこないことが多くなります。

一般的に**M&Aは同業よりも、異業種の買い手のほうがいい条件をつけがちです。それは、買い手がもっていないノウハウやビジネスモデルに対して価値がつくため**です。

したがって、**同業ライバル企業同士のM&Aは、シナジーはあるものの、売り手サイドの心理的抵抗があったり、また条件提示が低くなったりする傾向**があり、**検討されるケースは多いものの実際に成立するのはそれほど多くはありません。**

買収戦略②　川上・川下への垂直統合

業界内において「川上」または「川下」にある会社とM＆Aをすることを「垂直統合」といいます。

原料の仕入れ、開発の方向を川上といい、製造、物流を経て、より最終顧客に近いマーケティング、販売の方向を川下といいます。

つまり、「川上企業への垂直統合」とは、仕入れ先（候補）や業務委託先（候補）の買収であり、一方、「川下への垂直統合」とは、販売先（候補）の買収です。

垂直統合によって業界内部での支配力を強め、商品の仕入れ先または販売先の利益を自社グループ内に取り込むことができます。

垂直統合のM＆Aは、市場での取引よりも、企業（グループ）内での取引のほうにメリットがある場合に起こります。市場取引では、最適な価格と数量で仕入れられないなどの種々の「取引コスト」が発生することがあるためです。

ただし、垂直統合されてしまった会社は、**市場競争にさらされる脅威がなくなり、企業努力をするインセンティブが弱まるなどのデメリットが生じる**ことがあります。

垂直統合のM＆Aを行う場合には、メリットとデメリットを慎重に検討する必要があります。

買収戦略③ 商品・サービスの拡充

自社の既存顧客に提供できる商材（商品・サービス）をもつ会社の買収です。

相手方がもつ商材を自社の顧客に提供し、反対に自社の商材を相手方の顧客に販売するという、いわゆる「クロスセリング」ができる場合もあります。

ここで主に働く効果を**「範囲の経済」**といいます。

「範囲の経済」とは、**あるひとつの会社が商材のラインナップを増やすことによって、経営資源を共有し、それによりコストが下がったり、生産性が上がったりして、別々の会社がそれぞれ個々の商材を扱うよりも利益率が上がる**ことをいいます。

たとえば、同じ営業マンが2つの商品を同時に売り歩いたり、広告を共同で行ったりして営業・マーケティングが効率化し、売上増や利益率アップをもたらします。

ただし、ここで注意すべきは、**本当に市場・顧客が同じか**ということと、**仮に市場・顧客が同じだったとしても、お客さんがこれまで使っていた商品・サービスからスイッチしてくれるか**ということです。

じつは買い手と売り手の顧客の市場は微妙に違うことや、顧客の側で商品・サービスにスイッチング・コストが発生して、顧客にはリーチできても自社の商材に乗り換えてもらえないといったことが往々にして起こります。

したがって、この分野のM&Aは買収したはいいものの、じつはシナジーがなかったとなるリスクがあり、事前のマーケットの見極めが非常に重要になります。

買収戦略④　規模のメリットの追求

自社と異なる商圏（エリア）や顧客ベースをもっている同業の買収です。間接コストや仕入れコスト削減によるシナジーが出やすいという特徴があります。

最もわかりやすい例は、同じ「商品・サービス」を提供している他地域の会社を買収するというものです。

あるいは、顧客の業界が違ったり（たとえば、自社の顧客と異なる特定の業界の顧客をもっている会社）、顧客の規模が違ったりする（たとえば、自社の顧客は大手企業が中心で、売り手企業の顧客は中小企業が中心）会社の買収もそうです。

ここで主に働くのは「規模の経済」です。

「規模の経済」とは、**商材の生産量を増やしたときに平均コストが下がる**ことをいいます。

つまり、売上は単純に「1＋1が2」になるだけですが、管理部門の統合や共同仕入れなどにより、コストは「1＋1が2未満」になり利益率が上がります。

したがって、**通常規模のメリットで生じるシナジーは、コストシナジーであって、売上シナジーではありません**（シナジーの詳細については後述します）。

先ほどの「商品・サービスの拡充」による相乗効果はやってみないとわからない面も多々ありますが、規模のメリット追求によるコスト削減はある程度あらかじめ計算できます。

したがって、**「規模のメリットの追求」のほうが、「商品・サービスの拡充」のための買収よりリスクは低い**といえます。

買収戦略⑤ 周辺分野への進出

市場や商材は完全には重なっていませんが、事業領域を広げていくために行う買収です。

このカテゴリーのM＆Aは、買い手の事業の周辺分野ではあっても、「市場・顧客」も「商品・サービス」も厳密には違う会社の買収になるので、一見シナジーがあるように思えても、直接のシナジーをすぐに出すのは難しいので注意が必要です。

シナジーを創出するには、中長期的に、買い手と売り手のビジネスの溝を埋めるようなビジネスを自らつくっていくか、さらなる買収を進めていく必要があります。

買収戦略⑥ 新規事業の獲得

現状のビジネスでは、今後大きな成長が期待できない場合、第二、第三の事業の柱をつくっていくために、新規事業を買収するケースです。

人口減少時代の日本においては今後成長が見込まれる業界というのは限られているため、既存事業の売上成長に陰りが見えはじめたときに、新規事業の買収を検討しだす会社が増えます。

新規事業の買収では、経営手法、人材活用、企業文化の導入により相乗効果を生むことができるかもしれませんが、事業上の直接のシナジーは求めることができません。

後ほどシナジーのところで改めて述べますが、**M&Aはシナジーがなければならないということはありません。シナジーを求めるかどうかは戦略上の問題**ということになります。

また、「投資会社・ファンドによる買収」もここに含まれます。

ファンドや投資会社などのいわゆる「ファイナンシャル・バイヤー」は、買収した会社を将来株式上場させるか、あるいは再度売却してキャピタルゲインを得ることが目的です。

したがって、ファイナンシャル・バイヤーは買収前に、将来の上場や転売の可能性を厳しく評価します（ちなみに、経営戦略に基づきシナジーを求めて買収する事業会社のことを、ファイナンシャル・バイヤーと対比して、「ストラテジック・バイヤー」といいます）。

Q25 M&Aのシナジーには、どのようなものがありますか？

A 「①売上シナジー」「②コストシナジー」「③リスク分散効果」「④財務力強化」「⑤経営手法の導入・社員の意識改革」「⑥負のシナジー」の6種類のシナジーがあります。

先ほどから「シナジー」という言葉を何度も使っていますが、そもそもシナジーとは何か、M&Aのシナジーにはどのようなものがあるかについて、ここで改めて説明します。

まずシナジーとは、**「2社以上の企業の能力や経営資源をあわせることにより、各社が単独で生み出す価値の合計を上回る価値を生み出す相乗効果」**のことです。

つまり、よくいわれるように「1＋1が2より大きい効果を出す」ということですが、どのような効果が出るかによって、シナジーは以下の6種類に分類されます。

M&Aのシナジー① 売上シナジー

ある会社を買収すれば、その会社の売上を取り込むことができるので、その分、グループ全体の売上はアップしますが、これは単純に売上が「1＋1＝2」になっているだけです。

ここでいう売上シナジーとは「1＋1が2を超えるような買収効果」のことで、それを達成する手段として、具体的には以下のようなものがあります。

- **◎販売チャネルの獲得（川下への進出）**
- **◎営業ノウハウの移植**
- **◎ブランド力活用**

◎会社の知名度、信用力を活用
◎商品・サービス開発力の向上
◎シェア向上による市場支配力、売価支配力アップ（業界シェア上位企業同士のM&A）

M&Aのシナジー② コストシナジー

2社が一緒になることによって生じるコスト削減効果のことです。人員削減も含まれることがありますが、それだけでなく、効率化、規模のメリットによるコスト削減シナジーであり、以下のようなものがあります。

◎仕入れコストの削減（規模の拡大による交渉力アップ、川上への進出など）
◎販売コストの削減（販売拠点の統廃合など）
◎物流コストの削減
◎製造コストの削減
◎間接部門コストの削減
◎研究開発の合理化（開発人員の削減、開発の効率化）

M&Aのシナジー③ リスク分散効果

先ほど買収理由のところでお話しした「業績を安定させたい」というニーズをかなえるものです。

多くの経営者は、事業間のリスクを分散して、中長期にわたって安定的に会社を経営したいという思いをもっています。

ひとつの事業、一部の顧客に売上が集中していると、業界が不況になったり、主要顧客が離れたりするとたちまち経営危機に陥ってしまうためです。

ただし、これはシナジーに含めない場合もあります。

なぜなら、投資家側から見ると、リスク分散や業績の安定化を求めて多角化した会社（コングロマリット）の個々の事業の価値を分析するのが難しく、したがってその会社総体としての価値の評価が難しくなるためです。

そして多角化企業は、経営資源の効率的な配分にも疑問をもたれやすく、投資対象として敬遠され株価が割安になることがあります。これを「コングロマリット・ディスカウント」といいます。

投資家は、さまざまな業種、地域の銘柄に投資することにより、自らリスクを分散させることができるため、必ずしも投資先の個々の企業が事業を多角化してリスクを分散させる必要はないと考えることがあります。

M&Aのシナジー④ 財務力強化

これは財務内容がいい会社同士が経営統合した場合に、資金調達力（借入余力）が大きくなったり、資金調達コストが下がったり（より低利で資金調達できる）することです。いわゆる勝ち組同士のM＆Aによって実現する効果です。

M&Aのシナジー⑤ 経営手法の導入・社員の意識改革

経営管理手法の導入による業務効率化や無駄の排除、また企業文化の移植による社員のモチベーション、生産性の向上もシナジーに含める場合があります。

これらは売上アップまたはコストダウンにつながります。

以上がM＆Aによるシナジーの種類になりますが、**M&Aはシナジーがあれば成功、なければ失敗ということではありません。M&A巧者といわれている企業でも、M&Aではあえてシナジーを追求しないと公言している**ところもあります。

その会社によると、それは買収した会社を将来売却する際に、グループ会社間でシナジーがあると合理的な意思決定ができなくなる可能性があるからとのことです。**重要なのは自社の戦略や買収目的に合致するM&Aか、またシナジーを正しく想定できているかということです。**

シナジーで1＋1が3になれば、それは相当シナジーが大きいといえますが、実際には1＋1が2・1かもしれませんし、2・01かもしれません。また1＋1が2未満になるということもありえます。

M&Aのシナジー⑥　負のシナジー

シナジーの最後に「負のシナジー」について説明しておきます。

買収検討を進めるときには、**M&Aによる負の側面**も考慮しなければなりません。

たとえば、M&Aを契機にして買収対象会社の顧客が離れること、経営陣・社員が辞めること、社員のモチベーションの低下、ITシステムなどの統合に関わるコストなどです。

このようにM&Aによってコストがかかったり、価値が毀損されたりすることを「負のシナジー」といいます（「マイナスのシナジー」「ネガティブ・シナジー」「ディスシナジー」と呼ばれることもあります）。

ときに**負のシナジーとカニバライゼーションが混同される**場合がありますが、**これらは**

意味していることが違います。

カニバライゼーションとは「共食い」という意味で、同一企業グループ内で、商品・サービスが競合し、互いにシェアを奪い合う状態を意味します。

M&Aによって同一グループ内でこのような状況が生じたとしても、もともと競争状態にあったことには変わりはないので、これ自体は負のシナジーではありません。

もうひとつM&Aによる負の側面として、「スタンドアローン問題」についても、とくに買い手企業は知っておく必要があります。

これは買収対象があるグループ会社の1社であったり、ある会社の一事業であったりするときに、そのグループ、会社から分離されることによって生じるマイナスの影響のことです。

たとえば、間接部門（財務会計、人事総務など）、仕入れ、生産、販売などの機能をグループ会社やほかの事業部で行っていた場合に、買収対象の会社・事業だけを切り出して買収した場合に新たなコストが生じることがあります。

これを「スタンドアローン・コスト」といい、買い手は交渉時にはビジネスモデルをよく理解したうえでこれらのコストを試算し、条件に織り込む必要があります。

Q26 買収戦略によってシナジーは変わるのですか?

A 変わります。一般的にはコストシナジーが働く場合が多く、売上シナジーは慎重に見極める必要があります。

前述した買収戦略それぞれについて、代表的なシナジーである「売上シナジー」「コストシナジー」および「リスク分散効果」がどの程度働くかを［図表7］にまとめましたのでご覧ください。

コストシナジーには◎（よく当てはまる）が3つついていますが、売上シナジーには○（当てはまるケースが多い）が2つついているだけです。

シナジーと聞くと、一般的には売上アップの相乗効果を想像する人が多いと思いますが、**実際にはM＆Aでは売上シナジーよりコストシナジーが働く場合のほうが多い**のです。

[図表7] 買収戦略別のシナジー

	売上シナジー	コストシナジー	リスク分散効果
ライバル企業の買収	△	◎	△
川上への垂直統合	△	◎	×
川下への垂直統合	○	△	△
商品・サービスの拡充	○	△	○
規模のメリットの追求	△	◎	△
周辺分野への進出	△	△	○
新規事業の獲得	×	×	◎

◎よく当てはまる　○当てはまるケースが多い
△あまり当てはまらない　×通常当てはまらない

また、**売上シナジーには◎がひとつもないということは、売上アップの相乗効果が確実に見込めるM&Aは少ない**ということもできます。

ところで、**シナジーは基本的には、買い手自身が判断すべきもの**です。

シナジーを検討するには、まず買い手の会社のことを100%理解していなければなりません。そのうえで買収対象会社の事業、顧客、人材およびその会社が属する市場を調査してシナジーを見極めていきます。**買い手のことも売り手のことも中途半端にしか知らないM&Aアドバイザーや経営コンサルタントに、シナジーの測定を依頼するのは危険**です。

売り手側としては、最もシナジーが大きい買い手が一番いい買収価格をつけてくれる可能性があるので、売り手としてもどの会社と一緒になればシナジーが最も働くかを分析し、打診候補先を選定する必要があります。

Q27 買い手にはどのようなインセンティブがありますか？

A

「①安く買いたい」「②独占的に交渉したい」「③都合のいいスケジュールで買収したい」「④リスクを最小化したい」などのインセンティブがあります。

これまで買収理由、買収戦略、シナジーについて見てきましたが、ここではM&Aの交渉過程における買い手（とくに、買い手のM&A担当者）の主要なインセンティブについて見ていきます。

買い手のインセンティブ① 安く買いたい

過大な買収価格を支払って、自社の企業価値を毀損してしまえばM&Aの意味がありません。買収対象会社の価値や買収後のシナジーを所与とすれば、買い手としては安く買収できれば、それだけ買収後のグループとしての企業価値を増大させることができます。

したがって当然、買い手としては、安く買収できるにこしたことはありません。

しかし、買い手の担当者の中には、**絶対額として低い価格で買収したいというよりも、経営陣や上司からの評価を得るために、売り手の売却希望額からどれだけ値切るか**ということを考えている人もいます。

買収決定前に行われるデューデリジェンスは、リスク、シナジー、買収後の運営方針、適正買収価格などを総合的に評価することを目的に行われるべきものですが、あら探しをして本質的でない議論をもちかけて値下げ交渉をしだす買い手も、なかにはいます。

買い手のインセンティブ② 独占的に交渉したい

他社と競合して検討すると買収価格がつり上がる要因になるため、買い手はなるべく独占的に売り手と交渉することを望みます。

したがって、通常買い手は入札（オークション）形式の売却案件を好みません（ちなみに、オークションで最もいい条件を提示し買収できたとしても、高値掴みしたのではないかと後悔することを「**勝者の呪縛**」といいます）。

買い手の中には、仲介会社に対して、「フィーを多く払うから独占的に交渉させてほしい」といってくるところもありますが、売り手としては、いい会社であればあるほど、「複数社と交渉したうえで最もいい相手を選びたい」と考えるので、独占的に検討するのは難しいといえます。

なるべく競合が少ない状態で売り手と交渉するには、**スピード感をもって検討を進めることが重要**です。

一定割合の売り手は売却を急いでいますし、売却活動を始めると売り手は精神的に不安になり、「早くすっきりしたい」と思うようになるため、**売り手は早く検討を進めてくれる買い手との交渉を優先する傾向**があります。

ほかには、**売り手の希望条件の中で、ほかの買い手候補が受け入れがたいものを飲んであげることで、事実上独占的に交渉できる**ことがあります。

お金をかけてデューデリジェンスをしたあとで、売り手に「ほかで決まりました」といわれて逃げられたくないため、買い手としてはデューデリジェンスの前に独占交渉権を要求するのが一般的です。

独占交渉権が与えられるかどうかはケースバイケースですが、多くのケースでは、買い手と売り手との間で基本的条件で合意に達した場合に、1～3カ月程度の独占交渉権が買い手に与えられます。

買い手のインセンティブ③ 都合のいいスケジュールで買収したい

どうしても買収したい会社の場合、「ほかの買い手があらわれる前に早急に話をまとめたい」と買い手は思いますし、また買い手の決算期末が迫っていて、今期の売上に取り込みたいときも早期の買収を希望することがあります。

逆に、売り手の会社の直近の業績をもう少し見極めたい、また社内手続き、関係者の説得、資金調達に時間を要する場合はスケジュールを遅らせることを買い手は要求します。

売り手にはなかなか買い手の内部の検討プロセスは見えにくいので、買い手の一方的な都合でスケジュールを延期したりすると、売り手の感情を害して、買い手に対して不信感を抱くこともあります。

したがって、**信頼関係を維持しながら交渉を継続するためには、買い手からスケジュー**

ル変更を申し出る際には、その理由を売り手によく説明することが重要です。

買い手のインセンティブ④　リスクを最小化したい

デューデリジェンスで対象会社を詳細に調べれば調べるほどリスクは軽減できますが、その分、会計士、弁護士等の専門家に支払うフィーが高くなるので、リスクの軽減と費用はトレードオフの関係になります。

また、リスク軽減の一環として、買い手としては社員の勤務継続の意思や能力を確かめるために、幹部やキーとなる社員と買収決定前に面談することを希望することもあります。しかし、売り手は売却の情報が社員に漏れることを嫌うので、買収前には社員と面談できないケースが多く、買収前の社員との面談可否は買い手と売り手との間でせめぎ合いになることがあります。

最終的な譲渡契約においても、買い手と売り手のリスク分担が往々にして問題になりますが、通常は譲渡前の事項（売り手が表明した事実）については売り手が責任を負い、譲渡後の事項（業績や従業員・取引先の動向）については買い手が責任を負うということになります。

なお、M&Aにおけるリスクヘッジの手段として「表明保証保険」というのがありますが、これについては次項（Q28）で取り上げます。

買い手のインセンティブ⑤ 現経営者に残ってほしい、あるいは現経営者に辞めてほしい

一般的に買い手がノウハウをもっていない異業種の会社を買収する場合は、現経営陣には何らかの形で残ってもらい、業績を維持・向上してほしいと買い手は考えます。

逆に、同業の会社を買収する場合は、買い手は経営ノウハウをもっており、「自分たちのやり方で経営したい」と思うので、現経営陣には一定期間の引き継ぎ後に退いてもらうことを希望することが多くなります。

社員に関しては、買い手としては、重要な顧客を握っている営業マンやコアとなる技術をもっている技術者には辞められると困るので、残留の確約をとることを求められることがあります。

しかしながら、**社員には職業選択の自由があるので、売り手が特定の社員が辞めないことを保証することはできず、あくまでも引き留めるよう努力する**ということしかできません。

また、「買収後に余剰となる社員、働きのわりに高額の給与をとっている社員には辞め

てもらいたい」と買い手は考えることがあります。

しかし、売り手の会社がしっかり利益を出していて、売り手から全社員の雇用条件維持を求められれば、買い手はそれを受け入れる場合がほとんどです。

買い手のインセンティブ⑥

社名、本社所在地、主要ポストを希望どおりに決めたい

社名は、営業上どうしたほうがいいかで決める場合が多いです。

元の社名を残したほうが顧客をつなぎとめるのにいいか、それとも買い手の知名度、ブランド力を活かして社名を変更したほうが新規顧客をとりやすいか、ということになります。

本社所在地は、管理上の問題で買い手と同じ場所にしたほうがいいかという点と、本社を移転した場合に社員が問題なく通勤できるかという点で、だいたい決めることになります。

主要ポストについては、**売り手オーナー社長がどういう立場で引き継ぎまたは残留するかお互いの希望を元に協議して決める**ことになりますが、いずれにしても、**通常は少なくとも過半数の取締役を買い手が出す**ことになります。

通常の買収の場合は、買収後に社名、本社所在地、主要ポストをどうするかというのは協議事項にはなりますが、買い手が売り手の会社を子会社化し経営権を得るので、どのみち将来これらのことは買い手が自由に決めることができます。

したがって、買収交渉のときは、当面どうするかを合意しておけばいいということになります。

一方、合併（中小企業のM&Aで合併の形をとることはまれですが）で会社がひとつになる場合は、これらをどうするかはより大きな争点になります。

とくに対等合併を演出する場合は、これらがどうなるかによって、実質的にはどちらがどちらを買収したのかという対外的な見方も決まるので、非常にデリケートな交渉事項になります。

買い手のインセンティブ⑦ なるべく多くの案件を上にあげたい

成長戦略として積極的にM&Aに取り組んでいる会社は、仲介会社や金融機関から提案された会社を場当たり的に買収検討するのではなく、能動的に多くの売却案件を集めて、その中から自社の戦略に合致し、適正価格で買収できる会社を選別しています。

ただし、買い手の中には、社内にM&Aの担当者がいて、持ち込まれた案件を精査して経営陣にあげることが目的化している場合もあります。

実際には買収する可能性がほとんどないのに、精緻な分析を行っていることや検討した案件の数によって担当者が社内で評価される場合、このようなことが起こりえます。

Q28 表明保証保険とは何ですか？ 中小企業のM&Aでも使えるのですか？

A

M&A成立後に、売り手の表明保証違反で買い手に損害が出た場合に、買い手が保険会社に請求できるもので、中小企業のM&Aでも使えるようになってきました（買い手が付保するのが一般的ですが、売り手が付保する場合もあります）。

「表明保証保険」とは、M&Aの当事者がリスクヘッジのひとつとして使える保険ですが、表明保証保険を説明する前に、まずは表明保証とは何かについて簡単に説明します。

「表明保証」とは、売り手と買い手との間のM&Aの最終的な契約書（たとえば株式譲渡契約書）において、売り手が自身および譲渡対象会社について、買い手が自身について、種々の事項が真実かつ正確であることを表明して保証するものです。

「買い手の表明保証」は極めて簡潔で問題になることはまずありませんが、「売り手の表明保証」は多岐にわたり、契約交渉で争点となることがよくあります。

売り手の表明保証が非常に重要で争点になりやすいのは、M&Aが実行されると、対象会社の経営リスクは全面的に買い手に移転するためです。

売り手が表明保証する事項としては、株式、財務書類、資産、債務、取引先との契約、人事労務、許認可、知財、税金、訴訟等があります。

そして、最終契約書の補償（損害賠償）規定において、表明保証違反があった際の補償の限度額や補償請求できる期間が定められます。

表明保証保険は、M&Aの最終契約書の契約日以降またはM&A実行日以降に、売り手

の表明保証違反が発生した際に、その損害をカバーするもので、売り手が入る保険（売り手付保）と買い手が入る保険（買い手付保）があります。

売り手付保の場合は、売り手が買い手から補償請求を受けて、補償責任が確定すれば保険会社に保険金を請求し、そして売り手が買い手に補償します。

一方、**買い手付保の場合は、買い手が保険会社に保険金を請求しますが、保険会社は、売り手に表明保証違反について故意または詐欺的行為がないかぎり、売り手には求償しません。**

表明保証保険は、1990年代に欧米で活用されだしました。

とくにファンド（ファンドについては第4章で詳細に説明します）が売り手となる案件において、M&A実行後に、売り手が補償責任を負うようになった場合のための保険として、売り手が保険契約者かつ被保険者となる表明保証保険が多く利用されはじめました。

しかし**現在は、買い手付保の表明保証保険が90%以上を占めています**（実務上は、買い手が自らの意思で付保する場合と、売り手が買い手に付保することを要望する場合があります）。

買い手付保が圧倒的に多くなったのは、以下の理由があります。

理由①

売り手付保の場合は、先ほど述べたように、買い手が売り手に補償請求し、売り手の補償責任および補償金額が確定したうえで、売り手が保険会社に対して請求するという二段階の手続きが必要になります。

一方、**買い手付保の場合は、買い手が保険会社に請求するだけでよい**ためです。

理由②

売り手付保の場合は、①で説明したとおり、まず買い手が売り手に補償請求しますが、そうすると係争になることが多く、もし裁判になると売り手の補償責任が確定するのに1~2年かかります。

一方、**買い手付保で買い手が保険会社に請求した場合は、条件を満たしていれば、保険会社は保険金を払うので、買い手は損害を取り戻しやすい**ためです。

理由③

買い手付保の場合は、最終契約書で売り手が負う補償責任の範囲（補償額の上限および補償請求できる期間）を超えて、保険でカバーすることができるためです。

理由④

売り手付保の場合は、表明保証違反について売り手に故意または詐欺的行為（たとえば、違反を知っていたのに隠していた）があった場合は、売り手は保険会社に保険金を請求できませんが、**買い手付保の場合は、売り手に故意または詐欺的行為があっても、買い手は保険会社に保険金を請求できる**ためです。

実際に表明保証保険が使われるのは、売り手の表明保証の内容や補償範囲・期間について、買い手と売り手との間で交渉がまとまらないときが典型的なケースですが、たとえば以下のように、買い手が売り手に補償請求をしづらかったり、補償請求しても実質的に意味がなかったりするときも使えます。

- **売り手のオーナー社長が対象会社に残る場合、補償請求することで関係を悪化させたくない**
- **売り手に資力がない**
- **売り手が海外居住者である**

・売り手の株主が多数いて損害を取り戻すのに手間がかかる

これら以外のケースでは、売り手が「クリーンエグジット」（補償責任を負わずに売却すること）を目指す場合に、売り手が、買い手に対して表明保証保険をつけることを要望することもあります（この場合、保険料は売り手が負担したり、売り手と買い手で折半したりすることがあります）。

たとえば、売り手がファンドの場合です。なぜならファンドは、投資家から早期に分配を求められることがあるためです。

また買い手間で競争環境がある場合（オークション形式の売却が典型）に、売り手から選ばれやすくするために、買い手が表明保証保険に入ることを買収条件として提案することもあります。

日本ではこれまでクロスボーダー案件や大型案件で、表明保証保険が使われることがありましたが、最低保険料が小さいところでも1000万円以上だったり、保険契約書が英文だったりして、中小のＭ＆Ａで使えるものがありませんでした。

ところが、中小企業のＭ＆Ａが急速に普及する中で、**2020年から2021年にかけ**

て、あいついで日系の大手損害保険会社（東京海上日動、損保ジャパン、三井住友海上、あいおいニッセイ同和損保など）が、中小M&Aにも適用できる表明保証保険の販売を開始しました（ほとんどは買い手付保の保険ですが、一部売り手付保の保険もあります）。

保険料は補償限度額の2〜3%程度で、最低保険料は保険会社により異なりますが、小さいところは数十万円や数百万円のところがあります。

たとえば、譲渡価格が3億円で、株式譲渡契約書で売り手の補償額の上限が2億円と定められたとします。それと同額である2億円を保険の補償限度額とし、保険料はその3%で買い手が表明保証保険を購入した場合、保険料は2億円の3%である600万円となります。

中小M&Aで使える表明保証保険は、販売が開始されたばかりで、普及しているとはいえませんが、今後事例が増えてくるはずですので、必要に応じて検討してみてください。ただし、表明保証保険に入れば、表明保証違反による損害はすべてカバーされるわけではなく、種々の制約があるので、検討する際には以下のような点に留意してください（買い手付保の前提で述べます）。

- **デューデリジェンスをしっかりやることが大前提**
- **買い手自身や買い手関係者（デューデリジェンスで雇った専門家や仲介会社・アドバイザリー会社を含む）が認識していた表明保証違反は対象とならない**
- **売り手の表明保証がすべて対象になるわけではない（保険会社により対象範囲が異なる）**
- **一定の免責金額（自己負担額）がある**

表明保証保険についてより詳しく知りたい方は、『表明保証保険の実務』（稲田行祐、高賢一著）を読まれることをおすすめします。

Q29

買収するときの成功のポイントは何ですか？

A

「①M&A戦略を明確化する」「②ニーズに合う案件情報を収集する」「③交渉上手になる」「④シナジーを正しく評価する」「⑤適正な買収価格と手数料を支払う」「⑥リスクをとる勇気をもつ」「⑦買収後の経営責任を明確にする」の7点です。

本章の最後に、M&Aによる買収を検討している買い手のために買収成功のポイントをまとめておきます。

成功のポイント① M&A戦略を明確化する

まず企業の目的から考えて、業績（売上・利益）を伸ばしていこうとするのか、そして、業績を伸ばしていく場合、完全自前主義でビジネスを育てていくのか、M&Aを選択肢に加えるのかということになります。

M&Aを検討する場合は、前述した6つの買収戦略、すなわち、

「ライバル企業の買収」
「川上・川下への垂直統合」
「商品・サービスの拡充」
「規模のメリットの追求」
「周辺分野への進出」
「新規事業の獲得」

のうち、どこ（複数でも可）を狙っていくか、そして具体的にどのような業種の会社・事業を買収したいのかを検討します。もちろん買収戦略は全体の経営戦略と合致している必要があります。

あとは、買収検討対象となりうる会社の規模（売上・利益規模、従業員数など）、成長性、エリア、買収価格の上限などの基準をある程度定めておくことが望まれます。

これらは最初から厳密に定めるのが難しい場合は、実際の案件を検討していく中で徐々に基準を決めていくということでも構いません。

M&Aで失敗している会社は、はっきりとした戦略がなく、もち込まれた案件を行き当たりばったりで検討しています。

一方、**M&Aで成功、成長している会社は、このようなM&Aの戦略を明確にし、さらに定期的に見直しています。**

成功のポイント② ニーズに合う案件情報を収集する

買収戦略が明確になれば、買収ニーズに合致する企業を探すことになりますが、案件の情報不足から、結局ニーズにあまり合致しない会社を買収してしまい、想定した成果を出せずに失敗に終わるケースがあります。

M&Aも結婚と同じで、すべての条件を満たす相手を見つけるのは困難ですが、なるべくニーズに合致した買収を行うには、幅広く案件情報を集め、その中から厳選して投資すべきです。

売り手が仲介会社にM&Aの支援を依頼する場合は、**情報の管理を一元化するためにも、信頼できる1社のみに依頼すべきですが、買い手が案件情報を集めるのに1社のみに限定する理由は何もありません。**

M&Aの支援をしている会社は基本的にそれぞれ違う売却情報をもっていますので、情報力がありそうな複数のM&A仲介会社や金融機関に買収ニーズを伝え、幅広く情報を集めるべきです。

ファンド・投資会社であればわかりますが、たまに事業会社でも「どんな業種でも検討します」という買い手企業がいますが、「何でも買うという会社は何も買わない」というのが仲介会社の常識ですので、①で述べたように、なるべく具体的に買収ニーズを伝えてください。

実力のある仲介会社であれば、一般的な業種の買い手を探すことにはそれほど困っていません。

また売り手に買い手を引き合わせたあとに、買い手のマナーが悪かったり、買収資金がなかったりした場合は、仲介会社は売り手からクレームを受けてしまいます。

したがって、仲介会社は、態度が悪い会社やよくわからない会社には案件を紹介しません。

とくに無名の会社かつホームページにもあまり情報がないような会社の場合は、買収ニーズを仲介会社に伝える際に、**自社の事業内容、業績や自己資金額を、仲介会社に可能なかぎり開示したほうがいい**です。

一度買収したことがある買い手は、今後も買収する可能性が高いことを仲介会社は経験則として知っていますので、過去に買収経験があればそれも伝えてください。

このように**買収意欲をアピールすることが、案件の紹介を受けるためには重要**です。

また、我々のような仲介者・アドバイザーは常に買収意欲が旺盛な買い手を探していますので、案件情報を集めるためには、M&Aに積極的であることを広報することが効果的です。

したがって、トップがメディア上で買収ニーズを語ったり、実際に買収したらプレスリリースしてメディアで取り上げてもらったりすると、持ち込まれる案件数が飛躍的に増えます。M&Aに積極的な会社として業界で認知されている会社の中には、毎月数十件の案件がもち込まれているところもあります。

仲介会社と一緒に、買収対象となる会社をリストアップして、仲介会社が売却意向を打診していく**ディール・ファインディング・サービス**というものがありますが、これについては、第5章で改めて説明します。

成功のポイント③　交渉上手になる

交渉上手になるというのは、必ずしも少しでもいい条件で買収するということではありません。

M&Aの買い手としては、**まずは売り手のオーナー社長に好かれることが重要**です。

なぜなら、**売り手は「自分の好きな相手に売却したい」と思うものなので、好かれたほうが、交渉力が強くなり、条件交渉もしやすくなる**ためです。

オーナー社長はプライドの高い人が多く、また自分がこれまで育ててきた会社や社員を我が子のように考え、強い思い入れをもっています。

しかし、実際には、買い手が売り手社長の感情を理解せず、上から目線の態度で接したり、信頼関係を築く前に条件交渉を始めたりして、売り手社長から振られてしまうことがよくあります。

たまに条件交渉を有利にしようとしてか、売り手の前でわざとそれほど興味のないそぶりをする買い手もいますが、これも逆効果です。

感情的に嫌われてしまえば、条件交渉の場に進むことさえできなくなってしまいます。

こちらから交渉を打ち切ることはいつでもできるので、まずは相手に誠実な関心を寄せ、売り手社長の心情に十分配慮して協議を進める必要があります。

「好かれること」と「シビアな条件交渉をすること」は別問題と心得ておくべきです。

また条件交渉は、あとからデューデリジェンスであら探しをして、いやらしく減額交渉をするぐらいなら、多少の減額要因は大目に見るつもりで最初からやや低めの価格を提示して「デューデリジェンスで多少の減額要因が出てきても価格は下げない」と宣言して、それで納得してもらうように話をしたほうがいいでしょう。

売り手には引き継ぎや社員、顧客の引き留めに協力してもらう必要があるので、気持ちよく売却してもらったほうが、少しくらいの値引き額よりよほど利益が大きいといえます。

本章では買い手のインセンティブについて説明しましたが、第2章の売り手の売却理由とインセンティブについて述べた部分を改めて見ていただきたいと思います。

買い手と売り手との間には「安く買いたい」「高く売りたい」のように真っ向から対立している利害もありますが、必ずしも対立していない利害もあります。

とくに、**譲渡後も対象会社が成長・発展することは売り手、買い手の双方が心の中から望んでいる**ことです。

また自分と相手のインセンティブをよく理解して、**自分が重視していて相手が重視していない点について相手に妥協を迫り、その反対に、相手が重視していて自分が重視していない点については譲歩するなどして、条件の合意を目指す**ことができます。

なお、交渉における心構えや具体的な交渉スキルについては拙著『プロフェッショナル・ネゴシエーターの頭の中』を参考にしていただければと思います。

成功のポイント④ シナジーを正しく評価する

買収対象が同業や周辺分野の会社であれば、自社とのシナジーを「想像」するのは比較的簡単です。

しかし、そのシナジーが本当に「実現」するとは限りません。

シナジー創出を目指すといっても、売上増やコスト削減など具体的にどのようなシナジーを目指すのかを明確にしておく必要があり、またM&Aによるマイナスの側面である負のシナジーも考慮に入れておかなければなりません。

現実的なシナジーを評価できていないと、買収しても、結局、「正のシナジー」がなく「負のシナジー」だけだったということになりかねません。

たとえば、相手の商材を自社の顧客に売って、自社の商材を相手の顧客に売るというクロスセリングをシナジーとして想定していたとして、これが本当に実現できるのか、各顧客のスイッチング・コストはどれくらいで、何社が乗り換えてくれそうかなどを事前に慎重に検討する必要があります。

また、周辺事業の会社を買収する場合も、実際には「市場・顧客」も「商品・サービス」もずれていて、「規模の経済」も「範囲の経済」も働かないということもあります。

繰り返しますが、M＆Aにはシナジーが必要不可欠というわけではありません。シナジーはなくても、企業戦略に合致していて、適正な金額で買収し、買収後その事業を伸ばして企業価値を向上させることができれば、シナジーの有無は問題になりません。

注意すべきは、シナジーを過大に見積もり、その結果過大な買収金額を投じて、自らの企業価値を毀損してしまうことです。

成功のポイント⑤　適正な買収価格と手数料を支払う

買収価格は、現状および過去の業績、財務内容、シナジー、将来の事業計画などを検討して決定することになります。

その際、楽観的な事業計画を鵜呑みにして価値を算定してしまうと、買収価格が過大となり、投資資金を回収できなくなってしまいます。

過去の成長性が将来の成長性を約束するわけではなく、また企業価値評価でときに想定される「永続的な成長」というのは実際にはありえません。

しかし、魅力ある売り手企業に対しては、複数の買い手が競合している場合がほとんどですので、通常は相場価格を大きく下回る金額では買収できません。

売り手がどこまで価格にこだわりがあるかにもよりますが、やはり一般的には**相場価格前後の金額でないと買収は難しく、買収価格を絶妙に設定して売り手側にオファーする必要**があります。

また、当然ながら、デューデリジェンスや仲介手数料などの費用も買収コストに含めて総投資額を考える必要があります。仲介手数料は、各社によって、着手金・中間金の有無や成功報酬額に大きな違いがあります。

仲介会社および仲介手数料については第5章で詳述しますので、そちらをご覧ください。

成功のポイント⑥ リスクをとる勇気をもつ

M&Aにはリスクがつきものです。将来の事業計画が実現するかは誰も保証できないので、**リスクのないM&Aはない**といえます。

デューデリジェンスにおいても、担当する会計士や弁護士は対象会社のリスクを数多く列挙して分厚いレポートをつくりますが、なかにはM&Aが破談することを望んでいる会計士や弁護士もいるかもしれません。

なぜなら、もしM&Aが成立して、そのあとに何か見落としていた大きなリスクが出てくれば責任問題になりますが、そもそもM&Aが破談して不成立となれば、そのようなことが起こる恐れはなく、枕を高くして寝ることができるためです。

リスクヘッジとして前述した「表明保証保険」という手段もありますが、すべてのリスクをカバーできるわけではありません。

したがって、**デューデリジェンスで指摘されたリスクが本当に本質的かつ重要なものなのかを一つひとつ買い手自身が見極める必要**があります。

つまり、買い手としては、**「負えるリスク」**と**「負えないリスク」**を見極め、買収を見送るか、一定のリスクを負うか決断することが求められます。

やめる理由はいくらでもあり、すべてのリスクを潰そうとすれば、M&Aなどひとつもできないということになります。

ところで、買い手の中には一律の企業価値の評価基準をもっているところがありますが、M&Aで成長を目指すにはそれが足かせになることもあります。

たとえば、どのような会社に対しても「時価純資産＋過去3年の平均営業利益の4年分」を買収価格の上限とするというような基準です。このような基準をもつことで、高値掴みは防げます。

しかし、対象会社がまさに買収ニーズのど真ん中であり、大きな成長性があり、ほかにも多数の競合の買い手がいれば、一律の評価基準では買収できないこともあります。

買い手としては企業価値の評価はある程度柔軟性をもたせて、ときには勝負することも必要でしょう。

成功のポイント⑦ 買収後の経営責任を明確にする

買収後の経営責任があいまいで失敗する場合とは、M&Aを検討する部門・人と、買収後の経営を担う部門・人が別で、後者が買収後にいやいや経営を任されるケースです。

そうすると、「業績が伸びないのは、そちらの経営能力の問題だ」「誰がこんな会社の買収を決めたのだ」と責任のなすり合いになります。

当然のことながら買収できればそれでいいということはなく、買収後の種々の統合作業、経営手法の移植、シナジーの創出などが極めて重要です。

したがって、**買収後に経営責任をもつ部門・人がコミットして、買収の検討、デューデリジェンス、条件交渉に関わる必要**があります。

そのうえで、買収後の統合のロードマップを描き、明確な経営目標と経営責任のもと、能力とモチベーションが高い者が買収後の対象会社の経営に関与しなければなりません。

買収後の統合については本書では詳しく述べませんが、重要なことは統合の仕方はケースバイケースで一番合う方法を見つけなければならないということです。

買い手と売り手のそれぞれのビジネスモデル、企業文化、制度によって統合の仕方は変わってきます。**買収後にできるだけ早く同化させせたほうがいい場合もあれば、なるべく独立した経営、制度を維持させせたほうがいい場合もあります。**

とくに、企業文化、ワーキングスタイルがまったく異なる会社を拙速に同化させようとすると、社員が混乱し、モチベーションが下がり、ひいては社員の離職や業績悪化につながります。

事例

シナジーが最もある会社が買収し業績向上

最もシナジーがある相手先に譲渡し、譲渡後にシナジーが発揮され成長を遂げている事例を紹介します。

譲渡対象となった会社は、「ミヒロツーリスト」(当時の名称)といい、MICE事業を行っている会社でした。

MICEとは「ミーティング(会議)」「インセンティブ(報奨旅行)」「コンベンション(大規模会議)」「エキシビション(展示会)」の頭文字をとったもので、ミヒロは、全国2000以上の施設と契約し、上場企業、外資系企業などを顧客とし、会議・研修・新卒採用活動の会場・宿泊手配に強みをもっていました。

当時、ミヒロは、「ソラーレ ホテルズ アンド リゾーツ」というホテルグループの傘下にあり、同ホテルへの送客を担う一方で、中立的な立場でMICE事業の専門会社として経営されていました。

ソラーレにとっては、ミヒロはグループの中では売上規模も小さく非中核(ノンコア)事業であり、グループから離れて中立的な専門会社になったほうがより発展性があるとのことで、譲渡の相談を受けました。

その後、同社の買収に興味をもつ可能性がある企業を数十社リストアップし、ミヒロの社長らと相談したところ、最も大きなシナジーが発揮されると思われる「リンクアンドモチベーション」に打診することになりました。

これは売り手の希望で、同時並行アプローチを採用せず、まずは1社のみに打診したケースです。

リンクアンドモチベーションは、主に組織のモチベーションアップのコンサルティングや採用支援を行っている上場企業です。

同社はさまざまな研修事業や顧客の新卒採用支援を行うというソフト面でのサービスを提供していましたが、会場宿泊手配というハード面のサービスは提供していませんでした。

それが**本件買収によって、顧客に対してソフト面とハード面を一体的に提供できるというシナジーが想定**されました。

またリンクアンドモチベーションは、「顧客企業に対してサービスラインナップを増やしていきたい」との希望をもっていたため、ミヒロをグループ化することにより、既存顧客や新規顧客に対して周年記念、新商品発表会などのイベントを手配するという新規分野に進出できるというシナジーも考えられました。

まずは、リンクアンドモチベーションに「ノンネーム」（企業名を伏せた概要情報）で打診したところ、同社は当初より買収に強い興味をもちました。

その後、秘密保持契約書を締結したうえで詳細説明をし、具体的な条件交渉に入っていきましたが、比較的順調に交渉が進み、打診から3カ月で最終契約書の締結、資金決済に至ることができました。

リンクアンドモチベーションは、ミヒロの従業員をすべて引き継ぐ条件で全株式を譲り受けました。

ミヒロは、現在は「リンクイベントプロデュース」と社名を変え、リンクアンドモチベーションのコアコンピタンスであるモチベーションエンジニアリングのエッセンスを加えて、さまざまな企業のイベントを総合的にプロデュースする会社として、買収前に想定していたシナジーも実現し、業績を伸ばしています。

リンクアンドモチベーションは、M&Aの可能性は常に追求するとのこと。

買収を検討するにあたっては、拡大・進出を狙っている事業領域の会社かどうか、同社の経営手法を導入することにより企業価値を向上させることができるかどうかをよく見極めているとのことです。

事例 買収後に想定していたシナジーが出なかった

ここではあえて、安易な買収に走ることのないように、買収後に想定どおりの経営ができなかった失敗事例をお話しします。

売却対象企業は、高品質のサービスをリーズナブルな価格で提供するエステサロン運営会社で、首都圏で10店舗経営しており、売上・利益も順調に伸びていました。

しかし、もともとはエステティシャンである女性社長が始めた個人事業が、その後、会社化して徐々に規模が大きくなったもので、正社員も50名を超え、社長は人の管理について悩みを抱えていました。

また多数の出店オファーはありましたが、出店費用を借入でまかなっていたため、店舗が増えるにつれて借入金も増えていました。

社長は金融機関からの借入には個人保証をしており、万一経営が行き詰まることがあれば個人では簡単に返せる金額ではなく、徐々に会社経営が手に負えないと感じはじめていました。

このような経営に対する悩みとは別に、**社長はかねてより「教育系の事業に挑戦してみたい」という夢**をもっていました。

そして、その**新規事業を始めるにあたって資金と時間を確保するためにも、「いったん会社を売却し、資金力のある大手企業に経営を委ねたい」**という気持ちになり、**M&Aを決断**しました。

大手のエステサロンや女性向けの商品・サービスを扱っている会社に打診したところ、業績が伸びていたため、3社が買収を希望しました。

そして、最終的には化粧品の企画・販売をしている上場企業が最もいい条件を提示し、このエステサロン運営会社を買収することになりました。

同社は事業多角化の一環で、自社の顧客にエステを提供し、対象会社のエステの顧客に自社の化粧品を販売するという、いわゆる「クロスセリング」をもくろみ、相乗効果が大きいとの判断で社長より全株式を譲り受けました。

M&Aが成立し、**売り手社長は自身の夢であった新規事業に挑戦する機会を得ました。**

しかしながら、**買い手企業のほうでは、なかなか「クロスセリング」が期待どおりに進展しませんでした。**

エステの顧客にすでに好んで使っている化粧品を簡単に変えさせることはできず、また化粧品の顧客に割り引きするからエステに行かないかと促しても、店舗の立地の問題もあり、それも容易ではありませんでした。

その後、エステ事業自体も計画どおりに伸ばすこともできず、買収したエステ会社の業績は低迷してしまいました。

そして、結局はシナジーを出すのは困難との結論になり、ノンコア（非中核）事業と位置づけられ、買収して3年後に別の会社に譲渡することになってしまいました。

これは**想像ではバラ色のシナジーが描けても、実際にはそれほど簡単にシナジーは実現しないという例**です。

事前に顧客のニーズを的確に把握し、市場調査などをすべきでしたが、それを怠ったために結果的には戦略に合わない買収となってしまいました。

第4章

ファンドの真実

ファンドの仕組みとファンドを活用するメリット・デメリット

Q30 M&A市場におけるファンドとはどういう存在ですか?

A **中小規模のファンドが増え、成功事例も増えている中で、ファンドに売却する抵抗感も薄れており、今後ますます中堅・中小企業のファンド活用が増えていきます。**

まず「ファンド」や「投資ファンド」とはどういうものか説明します。

ファンドとは、**資金や基金、またはそれらを運用する組織や団体**を意味します。

その中で、**投資ファンドとは、投資家からお金を集めて投資し、利益を追求するファンド**のことで、**投資信託なども含む幅広い概念**です。

その投資ファンドの中に、**「PEファンド」**や**「バイアウトファンド」**と呼ばれる近年M&A市場で買い手としての存在感を強めている投資会社があります。

PEファンドのPEとは「プライベート・エクイティ」（private equity）の略で、未上場企業の株式を意味します。

「広義のPEファンド」は、ベンチャーキャピタル（スタートアップへの成長資金を提供する投資ファンド）などを含めて、未上場企業の株式を取得する投資ファンドを指しますが、**「狭義のPEファンド」は、未上場企業の過半数の株式を取得し、経営権を得る投資ファンド（またはそのようなファンドの運営会社）**を意味し、通常は、日本でも欧米でも**「PEファンド」といえば「狭義のPEファンド」**を指します。

バイアウトファンドは「買収ファンド」を意味し、狭義のPEファンドと同義と考えて差し支えありません。

本書では、ほかのファンドと区別せずにたんに「ファンド」と記載している場合は、「バイアウトファンド」のことを指しています。

なお余談ですが、企業を売却することを「バイアウトする」という言い方がされることがありますが（とくにIT業界やスタートアップ界隈で使われることが多い）、本来バイアウトという言葉には売却の意味は一切なく、誤用が広まったものです。

近年、日本企業の経営権を取得するファンドは、全体で年間4000億円から7500

億円ほど資金調達し、おおよそ年間１００社に投資しています。

日本の年間の推定Ｍ＆Ａ件数を２万件とすると、まだわずか０・５％にすぎませんが、**大手企業の子会社・事業の切り出し（カーブアウト）や事業承継の受け皿としてファンドが活用**されたり、**ファンドによる企業価値向上の成功事例**が増えてきたりしているなかで、**確実にＭ＆Ａ市場におけるファンドの存在感は増しています。**

その背景としては、以下のような要因があります。

①年金基金、金融機関、事業会社や海外投資家の行き場のないマネーが、最低２桁の利回りが期待できるファンドに流れ込んでいること
②大手のファンド運営会社にいた人材が独立し、新たに中小のファンドを設立していっており、中小企業のＭ＆Ａにもファンドが活用されるようになってきたこと
③成功事例が増え、経営者のファンドへ売却することへの抵抗感が薄れてきたこと

②について補足しますと、従来は「利益（ＥＢＩＴＤＡ）が最低数億円はないとファンドの投資対象にならない」といわれていましたが、**中小規模のファンドが増えたことで、ＥＢＩＴＤＡが１億円以下の中小オーナー企業にも投資するファンドがいくつか出てきて**

います。

その結果、数千億円規模の超大型案件をになうファンドから、一桁億円前半の投資をするファンドまであり、ファンド業界の厚みが増しています。

また後述する「サーチファンド」という新たなファンドによる投資形態も日本で始まっています。

日本のM&A市場において、ファンドの活用が今後ますます進んでいくことは間違いありません。米国では、ファンドによる経営権を取得するバイアウト投資は年間3000件以上あります。

日米の経済規模の差を考慮しても、**日本におけるファンドによるバイアウト投資は、現在の10倍程度になってもおかしくないポテンシャル**を秘めています。

Q31 ファンドはどのように利益を上げているのですか？

A 借入金でレバレッジをかけて買収し、3年から5年かけて株価を上げて、第三者への売却またはＩＰＯすることでエグジットして、利益を上げます。

まずファンドの投資手法について説明し、その後にどのように利益を上げているかについて説明します。

一般的な形態としては、投資事業有限責任組合等（これらがファンドと呼ばれます）を組成し、ファンドの運営者であり無限責任組合員である「ＧＰ（ジェネラルパートナー）」と、有限責任組合員である「ＬＰ（リミテッドパートナー）」がファンドに出資します。

ＧＰがファンド運営会社、ＬＰがファンドにお金を預ける投資家になります。

たとえば、あるファンドが投資家からお金を集めて２００億円のファンドを組成したとします。

しかし、ファンドを組成した時点でファンドの銀行口座に200億円の預金があるわけではありません。「キャピタルコール」といって、投資案件ごとに、今回ある会社に投資することになったので、何億円出してください、といってお金を拠出してもらいます。

実際に企業に投資する際には、ファンド運営会社がSPC（特別目的会社）を設立し、ファンドからSPCに出資し、SPCが金融機関から借り入れをします。

このように金融機関からの借入金を活用して買収することを「**LBO**」（leveraged buyout）といい、その際の借入金を「**LBOローン**」といいます（なお、LBOローンを活用せずに、ファンドの自己資金のみで買収することを「フルエクイティによる買収」といいます）。

次に出資金と借入金を合わせた資金で、対象会社の株式を取得します。

そして、買収後にSPCと対象会社を合併し、対象会社のキャッシュフローで借入金を返済していきます。

なぜファンドは投資実行時に、金融機関からの借入金を活用するのかというと、**借入金を活用することで、少ない手元資金で買収**ができ、また**キャッシュフローから借入金を返済し、株主価値を上げたうえで売却**すれば、**全額手元資金（フルエクイティ）で投資した**

場合と比べて、投資利回りが高くなるためです。

これを**「レバレッジ効果」**といいます。

ファンドが買収する際に、**「メザニン」**が活用されることがあります。「メザニン」(mezzanine)とは、英語で**「中二階」**(建物の1階と2階の間にある床部分)を意味します。財務諸表の貸借対照表の貸方(右側)において、下部に記載される資本(純資産)を1階、上部に記載される負債を2階に見立てて、資本と負債の中間的な性質をもつものをメザニンと呼びます。

具体的には、**劣後ローンや優先株などがメザニン**になります。

これらは通常のLBOローン(シニアローン)より、返済順位が劣後し、資金の出し手にとってリスクは高くなりますが、その分、金利や配当が高く設定されます。

ファンドが企業を買収する際、ファンドがSPCに拠出する資本金と金融機関から調達するシニアローンでは資金が不足する場合に、メザニンが活用されます。

ひとつの投資先ごとのファンドの投資期間は3年から5年程度が多いですが、**ファンドが実際に利益を確定させるためには、投資した資金を回収**しなければなりません。

これを「**エグジット**」といい、ファンドは通常以下のいずれかの方法でエグジットします。

・株式を第三者の会社に売却（「トレードセール」といいます）
・対象会社をＩＰＯ（新規株式公開）させて、ＩＰＯ時の株式の売り出し、または上場後に株式を売却

ファンドが株式取得時（投資時）よりも高い株価で、エグジット時に株式を売却することにより利益（キャピタルゲイン）を得ます。

ファンドが対象会社の株価を上げる方法としては、以下の３つがあります。

①ネットデットの削減（ネットキャッシュの増加）
②利益水準の向上
③EV／EBITDA倍率の向上

［図表８］の例を使って説明します。

［図表8］のAは、EBITDAが3億円、借入金3億円の対象会社が、EV／EBITDA倍率6倍で評価され、株主価値が15億円（＝3億円×6－3億円）でファンドが買収することになったことを示しています（EV／EBITDA倍率による企業評価方法については、第1章のQ7「中小企業はどのように企業評価しますか？」をご参照ください）。

なお、ここでは簡略化のため、現預金はゼロとし、「借入金＝ネットデット」とします。また株価と株主価値は同じ意味で使っています。

買収する際、ファンドはSPCに5億円出資し（これがファンドの元手です）、そしてSPCがLBOローンを10億円借り入れて、合計15億円で対象会社の株主から100％の株式を譲り受けたとします（実際には諸経費がかかるので、15億円以上のお金をSPCに入れますが、ここでは諸経費は無視します）。

ファンドが買収後に対象会社と合併すると、対象会社のもともとの借入金3億円とLBOローン10億円をあわせて13億円の借入金になります（［図表8］のB）。

ここからが株価が上がる方法の説明になります。

[図表8] ファンドが株価を上げる3つの方法

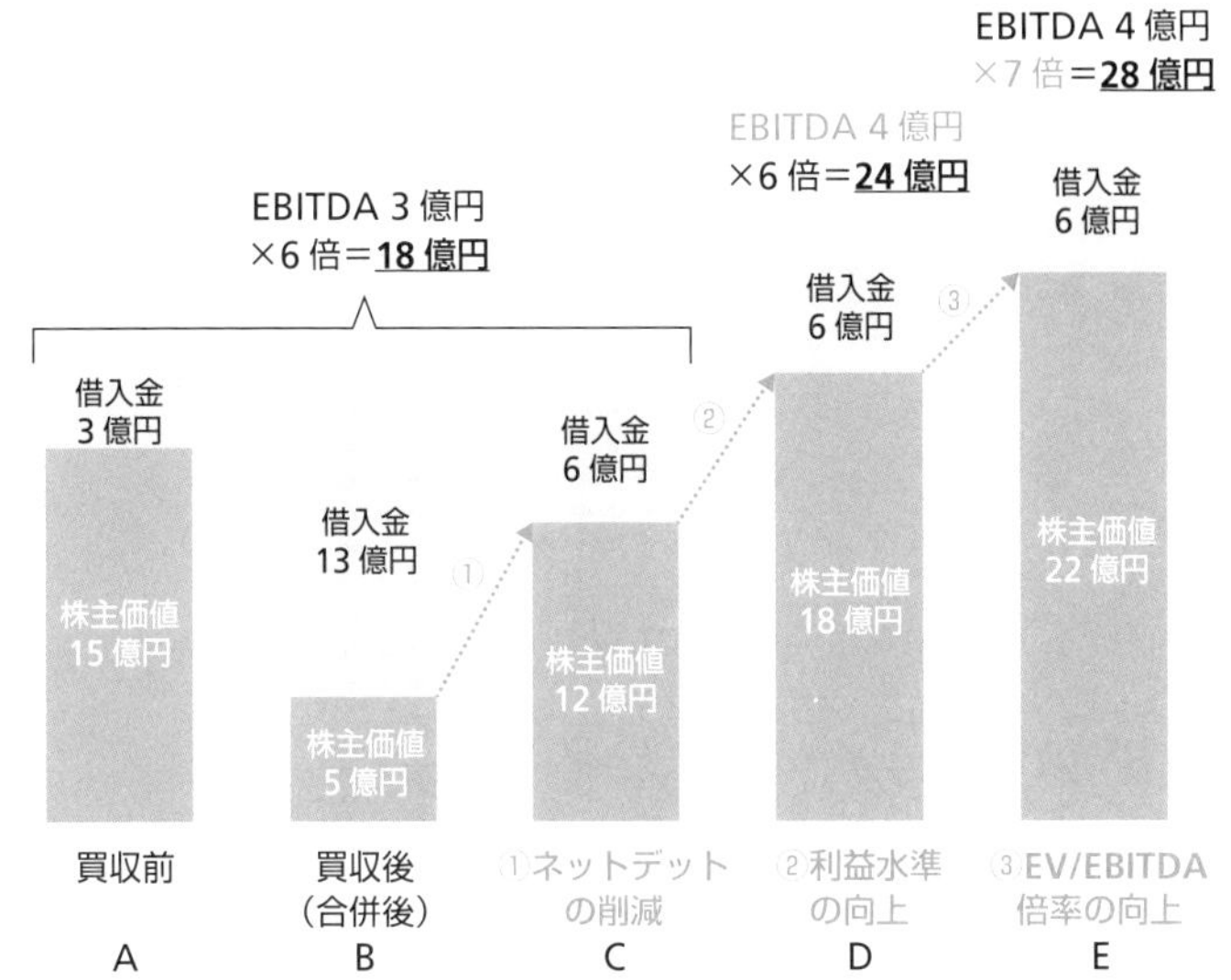

まず、「①ネットデット（借入金）の削減」については、利益水準が変わらないまま数年間経営し、したがって企業価値（EV）は18億円のままで不変でも、事業で得た利益から数年間かけて7億円の借入金を返済し、借入金が13億円から6億円まで減れば、その分株主価値は上がります（［図表8］のC）。

つまり、**ファンドは投資後に業績向上できなかったとしても、数年間利益水準を維持したまま株式を保有し、その後売却しても、それなりの利益を得る**ことができます。

次に、「②利益水準の向上」というのはわかりやすいと思います。

EBITDAが3億円から4億円になり、EV／EBITDA倍率（6倍）および借入金（6億円）が変わらなければ、株主価値は4億円×6－6億円＝18億円になります（**図表8**のD）。

最後に、「③EV／EBITDA倍率の向上」とはどういうことか説明します。

これは**同じ利益水準であったとしても、より高く評価される会社にする**ということで、具体的には、**属人性を排して組織的な経営を確立する**ことであったり、**今後企業がより成長していくための事業の基盤をつくったりする**ことです。

また一般的に**企業規模が大きくなるとEV／EBITDA倍率は上がる傾向**にあります。たとえば、同じ利益率15％であっても、売上20億円でEBITDA3億円の会社より、売上40億円でEBITDA6億円の会社のほうが、EV／EBITDA倍率が高くなる傾向があります。

なぜそうなるかは理論的には必ずしもはっきりしないのですが、企業規模が大きくなると、より組織的な経営になり安定性があると見なされ、また企業規模が大きくなればなるほど企業数が少なくなるので希少性が出てくるなどの理由が考えられます。

ちなみにファンドが買収する際の平均のEV／EBITDA倍率は、景気や金融市場の状況によっても変動しますが、2020年に出版された『プライベート・エクイティ投資の実践』（幸田博人編著）によると、直近1年間の米国企業の平均値は11・2倍、日本企業の平均値は9・2倍となっています。

おそらくこれは買収金額が公表された案件での平均だと思われますが、買収金額が公表されるのは大型案件が多いので、中小案件のEV／EBITDA倍率の平均はもう少し下がり、6～8倍程度と推測します。

［図表8］の例に話を戻すと、企業規模が大きくなって業績も上がり、買収時に6倍だったEV／EBITDA倍率が、売却時に7倍の評価になれば、株主価値は4億円×7－6億円＝22億円になります（［図表8］のE）。

ファンドが株価を上げる方法を、①、②、③と段階的に説明しましたが、**実際には①、②、③が同時に起こりえます。**

ファンドが元手5億円で投資（［図表8］のB）した案件が、たとえば5年後に22億円（［図表8］のE）になれば、これはIRR（内部収益率）が34・5％（5億円を利回り34・5％で、5年間複利で運用した結果と同じ）になり、優良な投資ということになります。

Q32 ファンドで上げた利益は、どのように投資家に分配されるのですか？

A 投資資金を上回って回収した利益について、成功報酬として8割が投資家に分配されるのが一般的です（実際にはハードルレートというものがあり、やや複雑な計算をします）。

ファンドの利益の分配は、ＧＰ（ジェネラルパートナー）とＬＰ（リミテッドパートナー）で異なります。前述したように、ＧＰがファンド運営会社で、ＬＰがファンドにお金を預ける投資家です。

ＧＰとＬＰの分配に関して、まずハードルレート（hurdle rate）についてお話しします。

ハードルレートとは、最低限期待される収益率のことで、ＩＲＲ（internal rate of return、内部収益率）で設定されます（ＩＲＲがわからない場合は、ネットで検索すればたくさん解説が出てきます。またIRRはエクセルで「IRR関数」というのがあるので、簡単に計算できます）。

たとえば、**ハードルレートを8%と設定した場合、回収した資金が108%を上回るまでは、すべてLPに分配**されます。

108%を上回った部分の成功報酬については、108%から110%の部分は、キャッチアップといってGPに成功報酬が分配され、110%を超えた部分は、LPに8割、GPに2割分配されます（この割合は取り決め次第ですが、LPとGPとで8：2で配分するというのが一般的です）。

GPはこれら成功報酬以外にも、管理報酬（出資コミットメント額／実投資額の年間2%など）を得ます。

ファンドでは、IRRでの目標リターンを20%から30%ぐらいで設定している場合が多いです。ファンドの期間は10年間程度で設定されることが多く、**その間資金を回収できないので、その分高いリターンが期待される**ことになります。

この目標リターンに対して、日本企業に投資するファンド運営会社が、実際にどれくらいの実績を出しているかについては、これまであまりいいデータがなかったのですが、2020年より「日本プライベート・エクイティ協会」が、会員20社超のファンド運営会社が参加した「パフォーマンス調査」をホームページ上で公表しています。

同協会が2021年に発表した調査によると、IRRは、3年間（2017〜2019年）で12・07%、5年間（2015〜2019年）で10・50%、10年間（2010〜2019年）で13・43%と、比較的安定したパフォーマンスが出ていることがわかりました。

もちろんこれは平均のパフォーマンスですので、ファンドによってリターンの実績はさまざまですが、いずれにしてもバイアウトファンドへの投資というものが、ひとつの優良なアセットクラス（投資対象の資産の分類）として、今後ともますます認知されてくるでしょう。

Q33 MBOとは何ですか？

A

MBO（マネジメント・バイアウト）とは、経営陣による買収を意味し、ファンドを活用してMBOが行われることが多いですが、経営陣が100％経営権を得るMBOもあります。

事業承継の形として、M&Aで第三者に譲渡する、子どもに継がせる以外に、「次世代の経営陣（ひとりまたは複数）に引き継ぐ方法」があります。

しかし、その際にネックになるのが、次世代の経営陣が、株式を現オーナーから譲り受ける際の対価を用意できるかということです。

優良企業であれば利益も出ており、純資産も積み上がっているので、中堅・中小企業でも数億円から数十億円の株主価値（株式100％の価格）がつくことがあります。

そのようなときに、**SPCに経営陣が一部出資し、スポンサーとしてのファンドが大部分出資し、金融機関からLBOローンを調達して、現オーナーの株式を買い取る**ことになります。

このようにすることで、**どこかの事業会社の傘下に入ることなく、独立企業として次世

代の経営陣にバトンタッチすることができます。

これでIPOができればそのまま独立企業として存続できますが、大株主であるファンドがトレードセールで事業会社に株式を譲渡する可能性もあります。それを避けるために、**経営陣が100％議決権を保有したままMBOする方法**もあります。

大企業の例になりますが、2005年にアパレル大手の「ワールド」がMBOした事例が有名です。

東証一部に上場していたワールドがMBOする際、2300億円超の買収金額となりましたが、バイアウトファンドがスポンサーに入ることなく、経営陣および社員約30人が100％の議決権をもったまま買収し、非上場化しています（その後、13年後の2018年に再上場しています）。

このときに活用されたのが、前述したメザニンで、経営陣・社員の出資分とシニアローンで足りない部分の500億円超をメザニンで調達しています。

比較的最近の事例では、東証ジャスダックに上場していた「東栄リーファーライン」という会社が2018年にMBOした際、バイアウトファンドを入れずに、メザニンを活用して、経営陣5人が100％議決権を保持して買収し、非上場化しています。

このように、**バイアウトファンドを入れずに、経営陣や社員のみが議決権をもつ形のMBOを「純粋MBO」**といいます（英語ではnon-sponsored MBOと呼ばれます）。

先ほど出した2つの事例は共に上場企業を非上場化した純粋ＭＢＯの事例ですが、もちろん未上場企業でも純粋ＭＢＯはできます。

たとえば、オーナー社長が創業者利益を得つつ、次世代の経営陣に引き継ぎたいが、同業やファンドには売りたくないというときに使えます。

ただし、メザニンを活用した純粋MBOを行うには、最低でも利益（EBITDA）が数億円以上あり極めて安定的に利益創出できていること、および優秀な経営陣がいることが絶対条件になりますので、ハードルはそれなりに高いといえます。

Q34 どのようなファンドの投資対象になりますか？

A

株式の処分や経営戦略において、解決すべき課題がある企業が対象になり、安定的に利益が出ていて、かつ成長性がある企業が好まれます。

先ほどは、バイアウトファンドを使わないＭＢＯに触れましたが、バイアウトファンドの話に戻ります。

バイアウトファンドは、ある程度成熟していて、安定的に利益が出ていて、かつ成長性がある企業に好んで投資します。

急成長しているがまだ赤字というようなスタートアップは、通常バイアウトファンドの投資対象になりません（これらはベンチャーキャピタルの投資対象です）。

バイアウトファンドの投資類型としては、大きく分けて以下の５つがあります。

❶後継者不在企業のオーナーの株式取得（事業承継）

現在日本経済の大きな課題のひとつである後継者不在の事業承継を解決するために、ファンドに株式を売却するというものです。

後述する「二段階エグジット」のように、オーナーが一部の株式を残して、数年間ファンドとオーナーが共同経営することもあります。

❷大企業の子会社・事業の切り出し（カーブアウト）

事業の選択と集中の観点から、ノンコア子会社・事業を売却し、それで得た譲渡対価でコア事業に経営資源を集中していきます。

その際にファンドがノンコアの受け皿になり、グループから離れた独立企業としての基盤をつくっていきます。

❸ファンド等の金融投資家間での売買（セカンダリーバイアウト）

ファンドのエグジットの方法としては事業会社への売却かＩＰＯ（新規株式公開）のいずれかが一般的ですが、ファンドからまたさらに別のファンドに企業が売却されることもあります。

❹上場企業の非上場化（ゴーイングプライベート）

典型的には、ファンドや経営陣らで設立したSPCが、友好的TOB（株式公開買付け）で大株主およびその他の株主から株式を取得し、少数株主も排除（スクイーズアウト）したうえで、非上場化します。

短期的な業績へのプレッシャーを回避し、数年かけて事業の再構築をはかる場合などに用いられます。

❺事業再生（ターンアラウンド）

一般的にはファンドの投資対象としては、安定的に利益が出ている企業が好まれますが、事業再生の案件とは、現状は利益が出ていない会社を低い価格で買収し、事業の選択と集中、財務リストラにより利益体質にして、企業価値を上げていくものです。

Q35 ファンドに売却するメリット、デメリットは何ですか？

A

メリットは、「譲渡価格が高くなる可能性」「同業への秘密情報開示の回避」や「ファンドによるさまざまな成長支援」です。デメリットは、「数年後にどこに売却されてしまうかわからないこと」です。

まずファンドに譲渡するメリットは以下があります。

ファンドは、事業会社の買い手よりもいい金額条件を出すことがしばしばあります。したがって、**条件重視で売却をするのであれば、ファンドを譲渡先の選択肢に入れるべきでしょう。**

ファンドが事業会社よりもいい条件を出すというのは、理論的にははっきりしない面もあります。なぜなら、本来、シナジーが最も大きい企業が最も高い価格を提示することができるためです。

ファンドには事業上のシナジーはないので、理論的には、ファンドは、シナジーがある事業会社には価格では勝てないことになります。

しかし、実際には、ファンドは事業会社よりもいい価格を提示して買収することがよくあります。

その理由としては、以下が考えられます。

理由❶

たとえば、同業大手が買い手の場合、対象会社は自分たちより格下で、ビジネスモデルもよく理解しているため、多額の資金を投資してまで格下の会社を買収しようとしません。

一方、ファンドは、ＩＲＲの考え方で投資するので、プライドの問題などはなく、目標リターンが得られる可能性が高いと判断すれば、それなりの金額を投じることができます。

理由❷

事業会社はその時々の事業環境、戦略や資金力により、買収先を積極的に探している時期と、既存事業の成長や立て直しに注力している時期があり、いつでも買収をしたがっているわけではありません。
一方、ファンドは投資すること自体が仕事であり、買収を進めていかないと投資家から無能と見なされてしまうため、景気の良し悪しにかかわらず、常に積極的に優良な買収先を探しています。

ほかのメリットとしては、売却交渉の際には、一定の秘密情報を買い手候補に開示する必要がありますが、同業他社などに秘密情報を開示することなく、譲渡することができます。

また、どこかの事業会社の傘下に入るわけではないので、**親会社と制度が統一されることはありませんし、ファンドは現状うまくいっていることは変えようとしないので、会社の強みや独自性が維持**されます。

それ以外にも、リスクマネーの供給（たとえば、同業を買収するための資金）、海外展開などの成長支援、および管理体制（ガバナンス、コンプライアンス）の強化などの経営支援を受けられます。

ファンドが投資した会社では、優秀な人材が採用できるようになるのもメリットです。
中小のオーナー企業では、なかなか実績、能力、やる気も申し分のないピカピカの人材を採用するのは難しいといえます。

しかし、ファンドが投資した会社というのは、ファンドがその会社の将来性についてお墨付きを与えたことになりますし、ファンドの人脈からも優秀な経営人材などをひっぱってくることができます。

またファンドには必要な人材には相応の報酬を払うという考え方が浸透しているので、これまではほかの社員とのバランスもあり、特定のポジションに高報酬の人材をつけるということがなかった会社でも、企業価値向上に必要となれば、たとえば、経営企画の高報酬のポジションに、新規で人材を採用したり、内部から抜擢したりすることもあります。

最後に、**ファンド主導で上場を目指す**こともできます。

上場企業になれば、社会の公器として、信用性や知名度が向上し、顧客獲得や人材採用もしやすくなり、また成長のための資金調達もしやすくなります。

次にファンドに譲渡するデメリットについて述べます。

ひとつの投資先ごとのファンドの投資期間は3年から5年くらいが多いですが、ファンドのエグジットの際にどこに売却されてしまうかわかりません。これが最大のデメリットです（もちろん将来どこに売却されても気にしないということであれば、デメリットになりませんが）。

上場を目指すことを前提としていたとしても、会社の業績や株式市場の状況により、100％上場できるとは限らないので、事業会社などに売却されてしまう可能性があります。

実際には、**ファンドが投資先をエグジットする際のIPOとトレードセール（第三者の会社に売却）の割合は、1：9くらいで、圧倒的にトレードセールが多くなります**（投資先のIPOを基本戦略としているファンドもあるので、ファンドによってはIPOの比率はかなり高くなります）。

またファンドは、前述したように通常金融機関からのLBOローンを活用して買収し、譲渡後はSPCと対象会社が合併され、対象会社がキャッシュフローから直接借入金を返済していく必要があります。

したがって、**ファンドに譲渡する際、譲渡金額が高ければいいと一概にいえるものではありません。譲渡金額が高いことは、売却する株主の利益には直結しますが、その分譲渡後の対象会社の借入金負担が重くなる**ためです。

その他のデメリットとしては、管理体制が強化されたり、利益重視の経営になったりすることで、おおらかな企業文化が変容する可能性もあります。

ファンドに譲渡した場合、現経営陣の処遇はどうなるかについては、決まったものはなく、すべてケースバイケースです。

売り手のオーナーの希望ありきで、ファンド側と協議をして決定していきます。

Q36 ファンドの投資先を買収するメリット、デメリットは何ですか？

A メリットは経営管理がしっかりされていて、業績が維持される蓋然性が高いことです。デメリットは買収価格が高くなる可能性があることです。

ファンドの投資先を買収する「メリット」には以下があります。

ファンドは、投資後は、オーナー社長の属人的な経営や親会社へ売上や管理を依存した経営から脱却し、事業計画や予実を管理し、組織としてしっかりと経営管理をしていきます。

したがって、**買収してもそのまま業績が維持される蓋然性が高くなります。これがファンドの投資先を買収する最大のメリット**です。

またファンドは、確実にエグジットできるように、売却の障壁となりうる問題点はなくすようにするため、**コンプライアンス上の問題がない、または少ないこともメリット**です。

次に、ファンドの投資先を買収する「デメリット」について述べます。

ファンドは、いい条件で売却することがひとつの使命でもあるので、売却時に1社のみの買い手候補と相対《あいたい》で交渉するということはあまりしません。

一般的には、数社から数十社に買収を打診するいわゆる入札形式で売却することがほとんどです。

また一次入札で、2~3社の買い手候補に絞り、複数社がデューデリジェンスに進み、その後の二次入札で最終契約交渉に進む買い手候補が選ばれることがよくあります。

したがって、**最終段階まで独占交渉権を得られないことが多く、最後までほかの買い手候補と競わされることもデメリット**といえます。

このように、ほかの買い手候補と競わされることで、ファンドから買収する場合は価格が高くなると思われがちです。

そのような傾向は否定できませんが、自らが投資家でもあるファンドは、投資先の会社が、そのときの財務内容や市場環境でどれくらいの価格で売却できそうかよくわかっていますので、売却価格に対する過大な期待はもっていません。

いずれにしても、相場価格の範囲内で売却価格が決まることが大半です。

ではファンドの投資先の買収価格はどれくらいになるかというと、もちろんそれは個々の企業の状況、業種や市況によってケースバイケースですが、譲渡価格が数億円から数十億円規模の場合、対象会社のＥＢＩＴＤＡを5倍から10倍してネットデットをマイナス（またはネットキャッシュをプラス）した金額程度が想定されます。

ファンドは、（投資時もそうですが）エグジット時にＥＶ／ＥＢＩＴＤＡ倍率による目標／想定売却価格を必ず検討しています。

あとは、今後の設備投資に必要な資金（capital expenditure）、市場環境、成長性、投資時の買収金額、買い手間の競争環境などがエグジット時の譲渡価格に影響します。

なお、**ファンドの投資先を買収するときは100%株式を取得することが大原則**です。

ファンドは残りの株式が思い通りに売れなくなることを避けるため、一部株式（マイノリティの株式）を残して経営権（過半数の株式）を売却するということはまずしません。

ファンドが投資する前の旧オーナーが一部株式を保有している場合も、ファンドがエグジットする際に、旧オーナーも保有する全株式を売却するケースが多く（旧オーナーが売却を望むケースと買い手が対象会社の全株式の取得を希望するケースがあります）、いずれにしても、ファンドの投資先を買収する際には100%株式を取得することがほとんどです。

Q37 「二段階エグジット」とは、どういうものですか？

A ファンドに譲渡するときが1回目のエグジットで、1回目のエグジットの際にファンドとともに再出資し、その再出資分をファンドとともにエグジットするときが2回目のエグジットになり、「二段階エグジット」と呼ばれます。

オーナーが株式を譲渡する際に、全株式を譲渡すると同時にファンドとともに買収主体であるSPC（特別目的会社）に出資して、マイノリティ（通常10～40％程度の持株比率）の株主として残ります。

これが**1回目のエグジット**です。

オーナー社長が50億円で会社の100％の株式をSPCに譲渡して、SPCに5億円再出資する場合の例で説明します（ここでは、対象会社はもともと余剰現預金も借入金もないものと仮定します。またM&Aに関わる諸経費は無視します）。

本件において、SPCでLBOローンが30億円調達できて、ファンドとオーナーによる出資（エクイティ）があわせて20億円とします。

オーナーは譲渡前に5億円の現金を用意できればいいですが、通常はなかなか難しいでしょう。

したがって、SPCが超短期でオーナーの再出資分の5億円分も銀行から借りて、株式譲渡日にSPCからオーナーに50億円振り込みます。

オーナーは50億円の譲渡対価の入金が確認できるとすぐに、その譲渡対価のなかから5億円をSPCに対して出資金として振り込みます。その後に、SPCと対象会社が合併されます。

ここで注意していただきたいのは、オーナーは譲渡対価50億円の10％である5億円を再出資したのですが、譲渡後は20億円の出資金のうち、75％（15億円分）がファンドの持株比率で、残りの25％（5億円分）がオーナーの持株比率ということになります。

30億円のLBOローンを活用しているため、少ない再出資金額でも、オーナーは一定の持株比率を維持することができ、これもレバレッジ効果です。

そして、ファンドとオーナーが共同で経営し、数年後にファンドがエグジット（ＩＰＯまたは第三者へ譲渡）する際に、一緒に株式を売却します。

これが**2回目のエグジット**です。

このように**2回に分けて株式を売却するため、「二段階エグジット」**と呼ばれます。

最初にファンドに譲渡する際に、早期に一定の創業者利益を確定することができ、また2回目のエグジットでさらなる創業者利益を得られることがメリットで、**近い将来の引退と創業者利益の最大化を同時に目指す**ことができます。

オーナーが再出資する（二段階エグジットする）ケースでは、１００％ファンドに譲渡するケースと比べて、ＩＰＯを目指す割合が高くなります。

二段階エグジットは、オーナー社長に以下のような理由があり、会社としてはＩＰＯして上場企業として存続していってほしいが、同時に、最大限の創業者利益を得て早期に引退への道筋をつけたいと考えるオーナーにとっては、有力な選択肢となります。

①ＩＰＯ後も5年、10年と経営を続けていくことが、年齢その他の問題で難しい
②ＩＰＯをして上場企業の社長として投資家や世間の矢面に立ちたくない

③近い将来また別の事業を立ち上げたい

またオーナーが譲渡時に再出資をすることの別の利点としては、会社の成長性に自信をもっていることの表明となり、シグナリング効果が働いて、いい条件で譲渡できる可能性が高くなります。

再出資して譲渡後も一部株主として残ってファンドとともにＩＰＯを目指す場合でも、ＩＰＯは最終的には証券取引所が承認するかどうかにかかっているので、誰もＩＰＯできると保証することはできません。

会社の業績や株式市場の状況によっては、ＩＰＯを諦めて他社への譲渡となることも当然あります。

その場合、売却先を決定するにあたり、オーナーの意見がどこまで反映されるかですが、**1回目のエグジットで再出資する際に、オーナーとファンドとの間で株主間契約が締結**され、そこで将来の株式譲渡（オーナーにとっては2回目のエグジット）に関して、たとえば次のような**取り決め**がなされます。

★ドラッグアロング（drag-along right）

ドラッグアロングとは、英語で「引きずる」という意味です。

大株主であるファンドが第三者に持株を売却する際、ファンドが少数株主であるオーナーに対して、同じ相手に売却することを要求すれば、オーナーもファンドと同条件（同じ株価）で持株を売却しなければならないというものです。

大株主が少数株主を引きずって一緒に売却するというイメージです。

ドラッグアロングは、「強制売却権」、「同時売却請求権」ともいわれ、第三者の買い手が１００％株式取得を要望した場合に、ファンドの意向で、少数株主の持株も含めて、１００％売却することを可能にします。

これはファンドにとっては「権利」ですが、売却を要求されたオーナーにとっては、売却する「義務」があります。

★タグアロング（tag-along right）

タグアロングとは、英語で「付いていく」「付きまとう」という意味です。

いずれかの株主が買い手を見つけてきた場合、ほかの株主も同じ条件（同じ株価）で売却することができるというものです。

ほかの株主に付いていって一緒に売却するというイメージです。

タグアロングは**「売却参加権」「共同売却請求権」**ともいわれ、たとえば、大株主であるファンドが第三者に持株を売却する際に、少数株主であるオーナーも同時に売却することができます。

少数株主として残ると、次に売却できるのがいつになるかわからないため、この場合は、少数株主にも公平な売却機会を与えることになります。

★先買権 (first refusal right)

先買権とは、たとえば、大株主であるファンドが第三者に持株を売却しようとする場合に、少数株主であるオーナーに対して、同条件(同じ株価)で買い取る機会を与えるというものです。

英語では「first refusal right」といいますが、文字通り「最初に拒否する」権利ということで、ファンドが見つけてきた買い手が気に食わないときに、オーナーは自らファンドの持株を買い戻すことができ、オーナーが買い戻すことを「拒否」してはじめてファンドは第三者に売却できることになります。

ただし、オーナーは1回目のエグジットの際に、株式譲渡益に対する税金も払ってしまっているので、買い戻すための現金を用意できるかどうかという問題があります。

ファンドは、**将来自分たちが株式を売却したいときに売却できないということを避けるため、株主間契約では、ドラッグアロング権をもち、大株主であるファンドがエグジットの主導権をもつことが大前提**になります。

ただし、このような法的な取り決めとは別に、実際にエグジットする際には、株主間で話し合って方針を決めていくことが一般的です。

Q38 「サーチファンド」とは何ですか？

A

経営者候補の若者（サーチャー）が、事業承継に課題がある企業などを探し、サーチャーが投資家から資金を得て買収する仕組みです。

「サーチファンド」は、スタンフォード大学のビジネススクールのグロースベック教授が1984年に考案した投資コンセプトです。

サーチファンドには、以下の4つのプレイヤーがいます。

①サーチャー
②対象企業
③投資家
④サーチファンド・アクセラレーター

まずは「サーチャー」と呼ばれる若者について説明します。

一定のビジネスの経験と知識があり、経営者になりたいが、具体的な起業アイデアや資金がない30代のMBA（経営学修士）ホルダーがサーチャーの典型例です。

自ら買収対象企業を探すため、サーチャーと呼ばれます。サーチャーは、ひとりの場合もあれば、2~3人でチームとして活動することもあります。

サーチャーは1~2年かけて、自ら社長になって経営したい「対象企業」を探します。

このサーチ期間は、複数の「投資家」が、サーチャーが組成したサーチファンドに対して、給与や企業の探索に必要な経費を提供します。

「サーチファンド・アクセラレーター」とは、**サーチャーの資金調達や対象企業の探索活動を支援する組織**です。

サーチャーが対象企業を見つけ、買収条件がまとまると、投資家はサーチ期間に提供した資金の割合に応じて、対象企業へ出資する権利を得ます。

サーチャーは、設立したSPC（これがサーチファンドになります）で買収資金を調達したうえで対象企業を買収し、サーチャーは対象企業のストックオプションや一部の株式を得ます。そして数年間経営し、企業価値を上げて、第三者への売却や上場によってエグジットします。

このように、**「譲渡対象会社ありき」ではなく、「サーチャーありき」で企業買収、事業承継が進むところがサーチファンドの特徴**です。

サーチファンドのモデルは米国で2010年代以降に活性化し、米国ではすでにこれまで数百のサーチファンドが組成されたといわれており、大きく企業価値を上げてエグジットする成功例も増えてきています。

日本では、サーチファンドの活動はまだ始まったばかりです。

2019年に、「Japan Search Fund Accelerator」と「山口フィナンシャルグループ」が共同で運営する「YMFG Search ファンド」が、渡邊謙次氏をサーチャーとして、福岡県の「塩見組」という会社に投資しました。

これが日本でのサーチファンドによる第一号案件といわれています。

また2020年には、伊藤公健氏、日本M&Aセンター、日本政策投資銀行、キャリアインキュベーションによる合弁会社として「サーチファンド・ジャパン」が設立され、サーチファンドによる中小企業のM&Aが広がりつつあります。

経営を譲り渡す側としても、意欲ある若者とじっくりと話をしたうえで、経営を託したいというオーナー社長は少なからずいるはずですので、**若者とオーナー社長とのマッチングがうまくできるかが、今後のサーチファンド発展のポイント**です。

まだ緒に就いたばかりの日本のサーチファンドですが、じつは、米国のサーチファンドのモデルと異なるところがあります。
米国のモデルからおさらいします。

・サーチャーがＳＰＣ（これがサーチファンドです）を設立し、複数の投資家からお金を集めます
・サーチ期間に投資した投資家は、その投資割合に応じて、サーチャーが見つけてきた会社へ出資する権利をもちます
・サーチャーの資金調達や企業探索を支援する組織をサーチファンド・アクセラレーターと呼びます

これに対して、日本の現状のモデルは以下になります（ここでは、先ほどあげたYMFG Searchファンドやサーチファンド・ジャパンをサーチファンド・アクセラレーターの略称を使って、「ＳＦＡ」といいます）。

・ＳＦＡは複数のサーチャーを見つけてきて、ＳＦＡが独占的にサーチャーに投資します
・サーチャーが見つけてきた対象企業にも、ＳＦＡが独占的に出資します

・つまり、SFAは、「fund of search funds」（複数のサーチファンドに投資するファンド）であり、またサーチファンド・アクセラレーターを兼ねています

日米の大きな違いは、**米国のモデルはサーチャーが複数の投資家からお金を集める**のに対して、**日本の現状のモデルは、SFAが複数のサーチャーを支援して、対象企業に独占的に出資する**点です。

もうひとつの違いは、米国では、サーチャーは一般的にサーチ期間からフルタイムで企業探索の活動を行いますが、日本ではサーチ期間においては、現状フルタイムでのサーチャーはあまりおらず、会社勤めなどをしながら、サーチ活動を行っている者も多い点です。日本では、投資家（VCやエンジェル）の数が米国と比べて格段に少なく、サーチャーが複数の投資家から資金を集めてサーチファンドをつくり、サーチ期間からフルタイムで活動できる状況ではありません。

今後、日本でもサーチファンドの成功事例が増え、投資家の裾野も広がってきたときに、米国のモデルに近づいていくのか、それとも日本独自の発展を遂げていくのかはまだわかりません。

ただ、いずれにしても、**このようなサーチファンドの仕組みは、事業承継問題の解決の**

一助になるとともに、能力があるがアイデアと資金のない若者にチャンスを与えることができるため、今後日本でも徐々に普及していくでしょう。

Q39 ファンドとはどのように交渉していくのですか？

A 「①ファンドの投資対象になるか」「②何を強みとしてアピールするか」「③どのような売却希望条件を設定するか」「④どのファンドに打診するか」を検討し、交渉していきます。

まずファンドへの譲渡を検討する際には、以下の点を検討する必要があります。

検討項目① ファンドの投資対象になる企業か

利益水準、社員数、業種などがファンドの投資対象となるか、また治癒できないコンプライアンス上の問題がないかなどを検討します。

検討項目② 投資対象となる場合は、何を強みとしてアピールするか

強みをアピールする際に、念頭におくべきことは、「グロース」と「サステナビリティ」です。**グロースとは事業の成長性**のこと、また**サステナビリティとは、ここでは業績の下方硬直性を意味し、業績が（上がることはあっても）下がらない**ことです。

会社独自の強みやＫＰＩなどの数値の推移を説明する際にも、グロースかサステナビリティのいずれかにつながることをファンドに理解してもらうことが重要です。

なぜならファンドの使命のひとつは、投資家にリターンをもたらすことであり、また絶対に損をさせないことだからです。サステナビリティは、ＬＢＯローンを調達する際にも極めて重要です。

検討項目③ どのような売却希望条件を設定するか

譲渡価格、再出資の有無、譲渡時期、経営陣の処遇などを検討します。

とくに希望譲渡価格は、相場の範囲内で設定しないと検討してもらえなくなるため、非常に重要です。

また、すべての条件が希望どおりにいくとは限らないので、それぞれの条件に優先順位をつける必要があります。

検討項目④ どのファンドに打診するか

まず**利益水準によって、打診すべきファンドがまったく違ってきます。**

しかし、もしあるファンドの投資対象となる会社の利益水準を知らなくても、ファンド総額から逆算することで、大まかに推定することは可能です。

ファンド運営会社は、ファンドを組成した際に、ファンド総額の金額を発表しています。たとえば、ファンド総額が１８０億円だとします。

組成したひとつのファンドを何社に投資するかは、ファンド運営会社の社員数にもよりますが、おおよその目安として15件とします。

１８０億円を15件で割ると、１件あたりの平均出資額が12億円になります。

これはレバレッジがかかっていない数字なので、エクイティとローンの割合を４：６とすると、平均ＥＶは30億円（エクイティ12億円、ローン約18億円）となります（ここでは、買収対象会社の現預金と借入金は無視して考えています）。

そして、EV／EBITDA倍率を6倍とすると、EBITDAは平均5億円となり、その前後の利益水準の会社が、このファンドのストライクゾーンということになります。

利益水準以外にも、ファンドによって業種による得手不得手があります。

製造業、小売・流通、ヘルスケア、テクノロジー系に強いところなどファンド運営会社によって異なります。

また、中国、東南アジアで事業を伸ばしたいなら、このファンドがいいというのもあります。

もっというと、どのファンドもハンズオンによる経営支援（ファンドの人員が直接経営に深く関与して支援すること）をうたっていますが、実際には、ここまでやってくれるのかというファンドもあれば、ほとんど何もやってくれないファンドまであります。

これら4点を検討したうえで実際にファンドに打診していく際には、概要書の作成、打診、面談、条件交渉、デューデリジェンス、最終契約交渉、クロージングの前提条件の充足、クロージング（譲渡の実行）というプロセスを半年間くらいかけて行います。

その間にも、さまざまな情報開示、資料作成、質問への回答が必要になります。

Ｍ＆Ａのプロセスは、事業会社に売却する場合とファンドに売却する場合で大きく異なることはありませんが、**デューデリジェンスは、事業会社よりファンドのほうが時間をかけてしっかりやる**傾向があります。

これらの全プロセスに精通している場合は、売り手自らファンドと交渉することも可能ですが、通常はＭ＆Ａ仲介会社やアドバイザリー会社を使って交渉していくことになります。また必要に応じてＭ＆Ａに精通した弁護士をつけてリーガルアドバイスを受けます。

ここまではファンドへの譲渡についてのお話でしたが、次に**ファンドの投資先をどのように買収するか**についても簡単にお話しします。

ファンドの投資期間は3年から5年程度が多いので、投資して2年から4年経てば、近い将来に売却を検討している可能性があります。

しかし、これはあくまで一般論ですので、ＩＰＯの準備を進めている場合は売却をしませんし、もっと早期に売却することもあれば、何らかの理由で長期間保有することもあります。

いずれにしても、**売却情報は公にされませんし、前述したようにファンドは売却時に相《あい》**

対《たい》交渉はあまりしないので、**ファンドが（自らまたは仲介・アドバイザリー会社を使って）売却活動を始める際に、打診候補先リストに入ることが必要**です。

ファンドに自ら名乗り出て、買収意欲をアピールしておくことも可能ですが、資金力、買収意欲あるいはレピュテーションの観点から相手にされないこともあります。

M&A仲介会社やアドバイザリー会社によっては、各ファンドと密に連絡をとり、それぞれの投資先のエグジットに関する方針についてよく理解しているところもあるので、そのような会社を使ってファンドの投資先の買収を検討することが有用です。

なお、私が代表を務めるインテグループは、日本企業に投資しているほとんどのファンドとコンタクトがありますが、業務で得た知見をもとに、2020年にPEファンド（バイアウトファンド）のポータルサイトである「PEファンド・JP」(https://pefund.jp/) というウェブサイトを開設しました。

このサイトでは、日本企業に投資しているファンドを数十社紹介し、各ファンドが2016年以降に投資した案件情報をデータベース化し、さまざまな条件で検索できるようになっています。

またファンドに関する記事やニュースも掲載しておりますので、ぜひご覧ください。

事例.

ファンドを活用した「二段階エグジット」の成功例

本章では、M&A市場でも存在感を増しているファンドのさまざまな側面について説明してきましたが、最後に、中堅企業の創業者がファンドを活用して二段階エグジットし、その後も発展を続けている企業について、経緯も含めて詳しくお話しします。

対象会社は「ベイカレント・コンサルティング」といい、IT、戦略、業務などのコンサルティングを行っており、日系としては最大規模の総合コンサルティング会社です。

もともとは、一人株主である創業者と2010年に最初に接点をもちました。当時、創業から13年目でしたが、すでに売上は100億円以上あり、この種のコンサルティング会社としては驚くほど利益率が高い会社でした。

創業者としては、「まだまだ業績を伸ばすことができるし、権限委譲を進めているところなので、将来譲渡する可能性はあるが、いますぐではない」とのことでした。

その後、私は創業者と定期的に連絡をとり、

「将来もし譲渡する場合は、相手先はこのような会社はどうか」

「逆にこのような会社を買収するのはどうか」

などと情報提供をしていました。

2013年に本書の旧版を出した際に、本をご自宅にお送りしたところ、

「この手の本はよく読みますが、とてもよく書けていましたね。改めてミーティングしませんか」

とのご連絡をいただき、お会いしました。

そうすると、**「権限委譲もかなり進み、自分がいなくても事業が伸びる体制ができつつあるので、希望の条件がかなうなら譲渡してもいい」**との話があり、譲渡に向けた活動を進めていくことになりました。

譲渡先に関しては、現状うまくいっている独自の組織・人事体系を変えられると業績が落ちてしまうので、事業会社よりも、強みをそのまま活かしてくれるファンドのほうがいいのではということになり、資料を整えたあとに、ファンドを中心にまずは10社程度に打診することになりました。

検討したファンドは、一様に好業績に驚くとともに、

「強みの源泉は何か」

「この成長が続くのか」

「また不景気や競争激化の際に、業績が維持できるのか」

というところが焦点になりました。

これらに対しては、対象会社の管理部門の協力を得て、コンサルタント数、コンサルタントの稼働率、粗利率の推移などの細かいデータを示しながら、説明を尽くしました。

そして、数カ月にわたり複数社と交渉を続けた結果、最終的には「ＣＬＳＡキャピタルパートナーズ」との間で、２０１４年5月にＭ＆Ａの条件がまとまり最終契約書を交わし（譲渡価格は２００億円超）、クロージングの前提条件を充足したうえで、６月に譲渡が実行されました。

このディールは、**すべての関係者が案件成立のために努力した結果**ではありますが、**当時「全部乗せ」案件といわれるほど、複雑なもの**になりました。

ファンドが、ＳＰＣでＬＢＯローンを調達して、オーナーの株式を買収するという最もシンプルなファンドによる買収スキーム以外に、以下の要素・条件が加わりまし

た。

❶共同投資家

ファンドの1案件あたりの投資額の上限を超えていたため、共同投資家が必要になり、ファンドが共同投資家を連れてきましたが、その投資家は検討の結果、本件投資を見送り、改めてファンドが別の投資家を連れてきて、話がまとまりました。

❷メザニン

ファンドと共同投資家の出資額、創業者の再出資額、そして銀行からのシニアローンをあわせても、買収価格に達しなかったため、メザニンが活用されました。

❸エスクロー

M&Aにおけるエスクローとは、売り手が表明保証違反等で補償（損害賠償）責任が生じる場合に備え、譲渡対価の一定額を一定期間、売主と買主が合意する金融機関（エスクロー・エージェント）に預けることです。

本件では譲渡対価の7分の1程度がエスクローされましたが、結局リスクは顕在化せず、エスクロー期間が終了した3年後に全額創業者に支払われました。

❹創業者の再出資

本章で説明した二段階エグジットをするために、創業者が譲渡対価の10％強を再出資しました。

ただし、レバレッジがかかっているため、創業者の出資割合は30％台となりました。

❺社長の出資（MBO）

創業者とは別に、株主ではない社長がいましたが、その社長も一部出資しました。

それにより本件は、経営陣による買収を意味するＭＢＯ（マネジメント・バイアウト）としての側面もありました。

このようなスキームとなったことで、主要な利害関係者だけでも、売り手の創業者、ファンド、共同投資家、シニアレンダー（シニアローンの貸し手）、メザニンレンダー（メザニンの出し手）と5つありました。

プレ・クロージングといって譲渡を実行する前に関係者がすべての書類をチェック

する会議には、関係者約30人（そのうち弁護士が15人）が集まり、机に並べられたおびただしい書類を、数時間かけて確認するという、ある種壮観な光景が繰り広げられました。

譲渡と同時に創業者は役員を退任し、またファンドは投資後すぐにIPO準備に着手しました。そして、**投資からわずか2年3カ月後の2016年9月にベイカレント・コンサルティングは上場**を果たしました。

その結果、**創業者の再出資分の価値は上場時に4倍近くになり、二段階エグジットの成功例**となりました。

第5章

仲介会社の真実

業界の裏事情と自社にあった仲介会社の見つけ方

Q40 売り手、買い手の情報をどうやって集めているのですか？

A 「①直接問い合わせを受ける」「②紹介を受ける」「③セミナーによる集客」「④電話営業」の４つの方法で情報を集めています。

本章では、Ｍ＆Ａの当事者ではありませんが、業界の主要なプレイヤーのひとつである仲介会社について内情を明かしていきます。

まずは、「仲介会社がいかにして情報収集をしているか」からお話しします。

Ｍ＆Ａ仲介会社が売却・買収の情報を集める手段は、大きく以下の４つに分類されます。

① 直接問い合わせを受ける
② 紹介を受ける

③セミナーによる集客
④電話営業

とくに首都圏ではインターネット検索で仲介会社のホームページを見たり、広告やダイレクトメールで仲介会社のことを知ったりして、売り手または買い手が、自ら直接電話やホームページの問い合わせフォームから仲介会社に問い合わせるのが主流になってきています。

買い手がホームページを見て連絡するというのはまだ理解できても、

「オーナー社長が自分の会社を売却するのに見ず知らずの会社にホームページから問い合わせするのか」

と思われるかもしれませんが、**実際にはこれが非常に多い**のです。

「しがらみのない中立的な専門家に依頼したい」というニーズのあらわれです。

首都圏以外の地方は大阪も含めて、直接問い合わせの割合は少し低くなり、②と③と④の経路で仲介会社に相談することが多くなります。

いずれにしても、首都圏以外の地方でもインターネットによる直接問い合わせの比率は、今後とも上昇していくと予想されます。

仲介会社によって、紹介を好むところと、好まないところがあります。

紹介を好む仲介会社は、積極的に地方の税理士・会計事務所や地銀と提携し、案件情報を吸い上げます。そして、紹介を受けた会社のM＆Aが成立すれば、紹介料（情報提供料）を紹介者（税理士・会計事務所や金融機関）に支払います。

紹介を拒むことはないにしても、紹介を受けることにそれほど積極的でない仲介会社もあります。

それは紹介者がいれば紹介者の意向が働いてしまい、また情報が拡散する原因にもなるためです。

そういうところは、依頼者の要望をダイレクトに受けることができる直接の相談を好みます。

直接の問い合わせと紹介以外には、セミナーによる集客および電話営業があります。

セミナーによる集客は、無料セミナーでM＆Aの基礎を講義したり、実際に売却した経営者の体験談を聞かせたりして、ハードルを下げて集客して、案件獲得につなげるものです。

電話営業も、仲介会社によっては積極的に行っています。

コンサルタント自らあるいはコールセンターのスタッフが、1社1社電話してM＆Aや事業承継の意向を確認していっています。

これらの**4つの情報収集の手段**により、大手や中堅の仲介会社では**年間数百件から数千件の売却および買収の相談**を受けています。

Q41 M&Aの成約率はどのくらいですか？

A

「買い手ありき」で売り手を探す場合は、10～20％程度の成約率です。「売り手ありき」で買い手を探す場合は、成約率が高い仲介会社で40～50％程度です。

仲介会社は年間どれだけの相談を受けて、いったいどれくらいの確率でM＆A成立に導いているのでしょうか？

この確率は、「買い手ありき」で売り手を探す場合と、「売り手ありき」で買い手を探す場合で変わります。

まずは、「買い手ありき」で売り手を探す場合から見ていきましょう。

ある買い手から「こういう会社を買いたい」といわれても、**ニーズにズバリ合致して、かつ売却意向のある会社をすぐに紹介するのは、どんな仲介会社でも困難**です。

というのも、売却案件というのは、優良な会社であればあるほど、すぐに複数の買い手が手をあげて、交渉が進んでいくためです。

一定程度交渉が進んでしまっている売却案件を途中から検討するのは難しくなります。

大手、中堅の仲介会社であれば常時、売却案件を数十件から数百件は抱えていますが、すぐに売却案件を紹介できるケースというのは、たまたまいまから買い手に打診しようとしていた案件か、そうでなければ、有力な買い手が出てきていない案件（滞留案件ともいわれます）の可能性があります（着手金をとる仲介会社は、売却可能性が低くても、着手金をもらえれば受けることがあるので、滞留案件が多くなる傾向があります）。

受け身で案件を紹介されるのを待つのではなく、**買い手が積極的に売り手を探す方法**としては、「ディール・ファインディング・サービス（DFS）」というものがあります。

DFSというのは弊社で使っているサービス名で、仲介会社によってサービス名は変わりますが、買い手ありきで売り手を探すということは共通しています。

DFSでは、買い手と仲介会社が共同で、買収対象となるような会社を数十社（場合によっては数百社）リストアップして、仲介会社が1社1社打診して売却の意向がないか確認していきます。

仲介会社が買収対象企業に打診するときは、まずオーナー社長宛に手紙を書いて、その後電話をします。

一言でいうと、「会社を売る気はありませんか？」ということをこちらは聞きたいわけですが、もちろんそれほどストレートな聞き方はしません。

「弊社の顧客である大手企業が、貴社のことを大変高く評価しており、貴社との事業資本提携を検討させていただけないか」

というようにもちかけて、意向を探っていきます。「興味がない」といわれることも多いですが、たまたま事業承継を考えていた場合や、

「うちに興味をもっているのはどの会社か知りたい」
「相手先によっては検討できる」
などの理由で、「具体的な話を聞きたい」となることが一定割合であります。

話を進めていくうちに、「譲渡を検討してもよい」となったとしても、そこからもまだハードルはあります。

買い手から買収をもちかけると、「条件がよければ売却してもよい」となって、買収価格がつり上がることがあります。

そうすると買い手としても、「そんなに出してまで買収する必要はない」ということになり、条件が合意に至らなくなります。

10年前であれば、数十社に打診しても1社も買収できないということが普通だったのですが、これだけM&Aが普及してきた**現在では、経営者のM&Aに対する抵抗感も薄れてきているので、買収できる確率が上がってきています。**

とはいっても、数十社に打診して、1社でも買収できる確率は10~20%程度でしょう。

ただ確率は高くないといえども、待っていてもいつ案件が出てくるかわかりませんし、案件が出てきたとしても他社と競合して買収できるかどうかはわからないので、DFSを試してみる価値は大いにあります。

しかし、仲介会社やアドバイザリー会社の中には、成功確率が低いことをあえていわずに、着手金、リテイナーフィーをとって、DFSのようなサービスを実施しているところもあるので注意が必要です。

また、このような打診をされる側としては、本当は貴社に興味をもっている会社がないのに、ブラフで具体的な買い手がいるといってアポをとろうとしてくる仲介会社もあるので注意してください。

ちなみに余談ですが、弊社にもあるアドバイザリー会社から連絡があり、

「上場企業が貴社（弊社のこと）との事業資本提携を望んでいるので具体的な話を聞いていただけないか」

との打診を受けたことがあります。

弊社としても同じようなことをしているので、「これはどこかの上場企業が弊社を買収したがっているのだな」とすぐわかりました。

弊社としては、売却は検討していなかったのですが、相手先がどこかはやはり気になり、

そのアドバイザーと会ってみることにしました。

その上場企業は、ある業界の最大手の企業で、本業とシナジーがあるM&A仲介事業をすでに始めていましたが、独力で伸ばしていくのは難しいとの判断で、弊社の買収を強く希望しているとのことでした。

そして、そのアドバイザーからは「少しでも譲渡の可能性があれば、希望金額をいってほしい」とのことでした。

弊社としては、たしかにシナジーはあり興味深い話ではありましたが、独立企業として成長を目指しているため、丁重にお断りしました。

しかし、リーディング企業から最も買収したい会社と高く評価されたことについては悪い気はしませんでした。

次に「売り手ありき」で買い手を探す場合について述べます。

M&Aは「売り手ありき」で買い手を探すのが王道です。

その場合は、**M&A成立まで至る確率は上がります。**

仲介会社が売却依頼を受けた場合の成約率は各社によってまちまちですが、**低いところで10%、高いところで40~50%くらい**です。たまに成約率80%などとうたっている仲介会社がありますが、それは誇大広告といって間違いありません。

仲介会社によって成約率に差が出る要因は、**依頼を受ける段階でどこまで成約率を見極めるか**ということと、**情報力・営業力とコンサルタントの質が各社異なる**からです。

売り手の会社の業績が悪く成約率が低いと思われる売却案件でも、とりあえず受ける仲介会社が、さらに情報力・営業力がなく、コンサルタントの質も悪ければ、成約率は10％程度になるでしょう。

反対に、**成約率が高くないと受けない仲介会社が情報力・営業力をもっていて、コンサルタントの質も高ければ、売却依頼を受けたうちの40～50％程度は成約**に至ります。


仲介会社が売却相談を受けたうちのどれくらいが成約に至っているかというと、相談があってもすべて受けるわけではないので、当然確率はさらに低くなります。

第2章で述べたように、売却できる可能性の高い会社は2割程度ですし、仲介会社側で売却支援したいとなっても、まだ売り手の売却意思が固まっていないこともありますし、また売り手から選んでもらえないこともあります。

それらをすべて考慮して、**成約率の高い部類の仲介会社では、売却相談（売却意思が固まっていない初期的な相談を含む）を受けたうちの4％程度が成約**しています。

たとえば、年間１０００社から売却相談を受けたとして、そのうち10％の１００社の売却支援をして、最終的にその40％の40社程度成約するといった感じになります。

これは成約率の高い会社の場合で、能力の低い仲介会社の場合はもっと確率は低くなります。４％の確率を高いと見るか低いと見るかはなんともいえません。

不動産業界では、よく「千三つ」といって、これは１０００個の案件があっても３つしか決まらない（０・３％）という意味ですが、４％というのはそれよりははるかに確率がいいことになります。

「会社の売却相談をよく受けるから、Ｍ＆Ａ仲介の事業を始めようかと考えているが、どう思うか？」

と、コンサルティング会社、税理士・会計事務所、事業会社から相談されることがあります。数年前には、社員数万人の有名企業の役員からも同様の相談を受け、Ｍ＆Ａ仲介ビジネスについてレクチャーしたこともあります。

しかし、年間10件成約させるためには、少なくとも年間２５０件の売却相談を受けなければなりません。

それだけの情報を集めることができるのかを熟慮してから始めるべきでしょう。

Q42 「仲介者」と「アドバイザー」は何が違うのですか？

A 「仲介者」は、売り手と買い手の間に立って、中立的な立場で行動し、双方から報酬を得ます。「アドバイザー」は、どちらか一方につき、顧客利益の最大化を目指し、一方からのみ報酬を得ます。

M&Aの業界内では、厳密にいうと「M&A仲介者」と「M&Aアドバイザー」は区別されています。

第1章で中小企業のM&Aの特徴のひとつとして「仲介会社の関与」をあげましたが、改めて「仲介者（仲介会社）」と「アドバイザー（アドバイザリー会社）」（ファイナンシャル・アドバイザーまたはFAともいわれます）の違いを述べておきます。

「仲介者」とは、売り手と買い手の間に入って、交渉の仲介を行う人のことです。**どちらか一方の利益を最大化するのではなく、中立的な立場で行動する**ことが期待されます。そして**報酬は、売り手と買い手の双方からもらい受けます。**

一方、**「アドバイザー」は、売り手あるいは買い手のどちらか一方につき、顧客の利益を最大化するように行動する**ことが期待されます。そして、**一方からのみ報酬を得ます。**

ここでいう顧客利益の最大化とは、必ずしも「1円でも高く売る」「1円でも安く買う」ということではありません。

たとえば、買い手側が1円でも安く買うために不誠実な交渉をして多少の減額に成功したとしても、それで信頼関係が崩れて、売り手社長にM＆A後の事業の引き継ぎに協力してもらえなければ、多少の減額で得た利益よりも多くの損害を被ることになりかねません。

買い手がそれでもいいということであれば、アドバイザーは顧客の意向に応じて少しでも減額するための交渉方法を助言すべきです。

しかし、一定の条件内での交渉成立を目指すのであれば、いやらしく少しでも金額を下げるよう相手方に要求するのではなく、相手方との信頼関係を壊さないように誠実な交渉をするべきでしょう。

要は、顧客が何を本当に望んでいるかを理解したうえで、アドバイザーは顧客利益の最大化をはからなければなりません。

仲介者とアドバイザーのその他の違いとしては、**仲介会社は基本的には相手先の紹介、つまりマッチングを必ずしますが、アドバイザリー会社はすでに交渉の相手先が決まったあとでアドバイザーの指名を受ける**ことが多くなります。

M&Aをする場合に、仲介者が間に入ったほうがいいか、それともアドバイザーをつけたほうがいいかという点については、これはどちらがいいとは一概にはいえないところがあります。

まず、仲介者（仲介会社）について話をします。

仲介者は、売り手と買い手の双方の要望を把握し、それぞれの利益のバランスもとりながら、買収条件の落としどころを探るような形で交渉を進めていくので、**M&Aの成立確率は確実に高くなります。**

しかし、もし職業倫理に欠ける仲介者がいれば、リスクを隠して話を進める可能性があり、あとで発覚してトラブルになることがあります。

また、売り手や買い手にとってみれば、「もっと強気に交渉していれば、よりよい条件を引き出せたのに」ということもあるかもしれません。

ところで、**「仲介会社は買い手有利に交渉を進めがち」**という議論がありますが、これも一概にはいえません。

仲介会社が買い手有利に進めるという根拠は、売り手はリピート顧客になることがほぼないのに対して、買い手は何度も買収してくれる可能性がありリピート顧客になる可能性があるので、仲介会社は買い手をより重視するというものです。

実際には、個々の仲介会社が年間に成約する買い手の中でリピート顧客は、10件に1件か2件あるかないか程度で、買い手もほとんどは一見の顧客になりますが、売り手よりリピートする可能性が高いのは確かです。

仲介会社が買い手有利に交渉を進めるというのは、仲介会社内で、売り手担当のコンサルタントと買い手担当のコンサルタントが別々につく場合に起こりやすくなると考えられます。

というのも、いわゆる「ストロング・バイヤー」と呼ばれる非常に買収に積極的な買い手企業の担当には、社内での評価が高いベテランのコンサルタントがついていることが多いためです。

そうすると、売り手担当の若手のコンサルタントは、そのような先輩社員から買い手の要求を強く主張されれば、社内のパワーバランス的に対抗することが難しくなります。

他方、「仲介会社は売り手有利に進める」といわれることもあります。

これは、ひとりのコンサルタントが、案件の担当者として、売り手とそれぞれの買い手候補すべてと話をする場合に起こりやすくなります。

なぜかというと、コンサルタントは、初期の売却相談から、資料の作成、売却活動のプロセスに至るまで、個々の買い手候補と話をする回数よりも、売り手と打ち合わせすることが圧倒的に多くなるためです。

そうすると、心理学でいう単純接触効果も働き、仲介会社のコンサルタントは、売り手に同情しやすくなります。

またコンサルタントが買い手から嫌われて交渉から降りられてしまっても、また別の買い手を見つけて案件を進めていくことができますが、売り手から嫌われてしまって、契約を切られてしまえば案件自体がなくなってしまうので、コンサルタントはとくに売り手の心情には配慮して案件を進めます。

さらにいうと、買い手企業にM&A担当者がいる場合は、いわば「M&Aのプロ」ということになりますが、売り手社長は、ほとんどの場合、M&Aははじめてのため、コンサルタントは頼りにされることが多く、「知識が少ないほうの味方をしてあげたい」という気持ちになりがちです。

仲介会社は、以上述べたような背景を理解したうえで、中立かつ誠実に交渉を進めていくことが重要です。

次にアドバイザーについて話をします。

アドバイザーの場合は、売り手と買い手がそれぞれ別のアドバイザーをつけて、自分たちが有利になる助言のみを受けることができ、またリスクが明確になりやすいという利点があります。

しかし、同時に対立点も明確になり、お互い攻撃的な交渉になりがちで、交渉の過程で感情的なしこりを残すこともよくあり、仲介の場合よりも、交渉がまとまりづらくなります。

張り切りすぎるアドバイザーがいる場合、顧客はそこまでいっていないのに、自身の顧客へのアピールもあり、相手側に過度な要求をしてしまい、妥結範囲を狭めてしまうことがよくあります。「クライアントの利益を最大化する」という大前提があるため、そのためには交渉の相手側に対して駆け引きで嘘をついたり、いい点だけ見せて悪い点は隠したりするということを、良心の呵責《かしゃく》なしにするアドバイザーも実際にいます。

そのため、相手側のアドバイザーのいっていることの信憑性が低くなります。

また仲介の場合は、売り手と買い手の間にひとり（1社）入っているだけですが、お互いアドバイザーを立てると、最低、間に2人（2社）入るので、何かコミュニケーションをとる際に、

「売り手」→「売り手アドバイザー」→「買い手アドバイザー」→「買い手」

と伝言ゲームのようになり、相手方の真意がよりわかりづらくなります。

子どものころに伝言ゲームをやったことがあればわかると思いますが、それぞれが相手の発言を自分なりに解釈して次の人に話を伝えていくので、間に何人か入ると、まったく違う話になるということがあります。

Q43 仲介は「双方代理」だからダメなのですか？ また仲介は日本だけの商習慣なのですか？

A

仲介は「双方代理」ではありません。また米国でも小規模M&Aにおいては仲介が行われています。仲介は利益相反の問題がありますが、利害が対立する条件を調整するという仲介機能の役割があります。

中小企業のM&Aにおいて仲介は一般的ですが、たまに、

「仲介は双方代理だからダメ」

「M&Aの双方代理は、欧米ではありえない日本だけの商習慣」

という人がいますが、これは「仲介」と「双方代理」の意味を混同しています。

「仲介＝双方代理」ではありません。

「代理」とは、本人に代わって意思表示や契約をして、その効果が本人に帰属すること

をいいます。

M&Aの世界では、売り手と買い手を仲介する仲介者であっても、片側につくアドバイザーであっても、売り手や買い手に代わって意思表示や契約をすることはありません。

仲介者・アドバイザーは、M&Aの相手方の紹介、スキームや条件の提案・助言、リスクの指摘、成約に向けた手続きの支援、専門家の紹介、M&Aプロセス全体の管理などをするだけです。

M&Aの交渉時に、

「売り手はこういっています」

「買い手はこうでなければダメといっています」

と仲介者・アドバイザーが相手側に話したとしても、それはクライアントの意思を伝えているだけであり、仲介者・アドバイザーが代理権に基づきその裁量により意思表示・意思決定をしているわけではないので、代理行為ではありません。

ましてや双方代理（ひとりの人が売り手と買い手の双方の代理をすること）をM&Aの仲介者がしていることは実際にはありません。

「双方代理がダメ」といっている人は、結局「利害の対立する売り手と買い手を仲介することがダメ」といいたいのだと思います。

米国のように、交渉をゲームととらえていて、いくら激しい交渉をしても、交渉がまとまれば、お互い満面の笑顔で握手して、のちに感情的なしこりを残さない文化であれば、お互いアドバイザーを立てて丁々発止のやりとりをするのもいいでしょう。

ただ、日本では、そこまで激しい交渉をすると信頼関係が崩れ、交渉がまとまりにくくなります。

そのため、利益相反の問題をはらみながらも、利害が対立する売り手と買い手の条件の落としどころを調整するという仲介機能が役割を果たしています（そもそも仲介者であろうが、アドバイザーであろうが、依頼者とは大きな利益相反の問題がありますが、それについては後述します）。

仲介者、アドバイザーのどちらにしても、依頼者としては彼らのいいなりになってはダメです。彼らから必要に応じて情報や助言を得ながらも、M&Aは売り手、買い手それぞれが自己責任で決断していくものです。

もし、仲介者やアドバイザーがいっていることに疑問があれば、医療（医者）や法律（弁護士）の業界と同様に、他社からセカンドオピニオンをとることも、場合によっては必要

でしょう。

また、**仲介会社やアドバイザー会社が機能を果たせていない場合には、契約を解約・解除できるよう契約にあらかじめ定めておくことも重要**です。

さもないと、成果も出せないのに顧客を抱え込もうとする仲介会社もあり、大きな機会損失になりかねません。

ところで、私は案件のそれぞれの事情によりケースバイケースで仲介者、アドバイザーどちらも多くの経験があります。

どちらが「やりやすいか」といえばアドバイザーのほうです。立場がはっきりしていて利害を主張しやすいからです。

一方、仲介者の場合は、双方に気を遣わなければならず、また双方の利益のバランスをとらなければならないので、その分、難しいといえます。

こちらは中立的に行動しているつもりでも、買い手から「売り手の味方をしているのではないか」といわれてしまうこともあります。

一方、**どちらが「やりたいか」と聞かれれば、仲介者**のほうになります。

それは、仲介のほうが売り手、買い手の双方から成功報酬をいただけるというのもあり

ますが、

「自分がいなければこの組み合わせのM&Aはなかった」

「ひとりで話をまとめた」

という達成感がより得られるためです。

M&A成立後に、売り手、買い手の双方から感謝されると、格別の満足感が得られます。

ちなみに、**じつは米国でも、小規模M&Aにおいては、仲介は一般的**です。

まず米国では、M&Aを支援する専門会社としては、「M&Aファーム」と「ビジネスブローカレッジファーム」があります。

両者には明確な区別や法的な区別があるわけではなく、取り扱う案件の規模感、料金体系、買い手の探し方などでなんとなく区別されています（両者の中間的な会社もあります）。

M&Aファームは、数億円以上の譲渡案件のみ扱い、片側のアドバイザーとして着手金やリテイナーフィーをとり、買い手を能動的にリストアップして探していきます。

一方、ビジネスブローカレッジファームは、一般的に3億円以下程度の譲渡価格の案件を扱い、ほとんどのファームが成功報酬のみでM&Aを支援し、自社のウェブサイト上でもノンネームの案件情報を掲載しながら買い手を探していきます。

ビジネスブローカレッジファームと顧客（売り手または買い手）との契約においては、ビジネスブローカレッジファームは仲介者（dual agency）であり、一方の利益のためではなく、売り手と買い手の両者のために行動すると明確に記載されるのが一般的です。

ただ米国の商習慣では、通常ビジネスブローカレッジファームは、売り手からしか成功報酬をもらいません。成功報酬の料率はだいたい譲渡価格の10％前後です。譲渡価格が大きくなるにつれて段階的に9％、8％……と下がっていく場合もあります。

ビジネスブローカレッジファームで働くコンサルタントを「ビジネスブローカー」と呼びますが、ビジネスブローカーが買い手もひとりで見つけて案件をまとめた場合は、すべての成功報酬がそのビジネスブローカーの売上実績となります。

別会社のビジネスブローカーが買い手を見つけてきて案件が成約した場合は、売り手から得た成功報酬を、買い手をつけたビジネスブローカレッジファームと折半します。

つまり、10％から始まる高い料率の成功報酬を売り手が払うことは、買い手側の成功報酬も売り手が払っているということができます。

米国のビジネスブローカレッジファームが売り手からしか成功報酬をとらないのは、後ほど詳しく述べる日本のM＆Aプラットフォームが買い手からしか成功報酬をもらわないのとは対照的で、非常に興味深いところです。

この日米の違いの理由としては、日本ではまだまだ経営者が売却に慎重で、優良な売却案件が貴重だからです。

米国では、会社売却に抵抗感がない経営者が多く、約2～3割の売り手は売却活動していることが公になることをまったく気にせず（むしろ公にすることで、有力な買い手があらわれることを期待する売り手もいます）、**日本とは桁違いに売却案件が多くあります。**

一方、日本ではM&Aプラットフォームが売り手からも成功報酬をとるとなると、サイト上での売却案件の掲載が増えないので、売り手からは報酬をとらないビジネスモデルが一般的になっています。

私も大手を含むいくつかのM&Aプラットフォームの立ち上げ期に、ビジネスモデルについて相談を受けましたが、売り手から報酬をとると、売り手だけでなく、仲介会社も案件を登録するインセンティブがないので、普及させるには売り手からは報酬をとらないほうがいいという話をしました。

Q44 どのように自社に合う仲介会社を見分ければいいのですか？

A 「①取り扱う規模」「②強み」「③報酬体系」「④アプローチ方法」の4つのポイントで比較検討すべきです。

M＆Aを成功させるには、信頼が置けてかつ自社のニーズにあった適切なM＆A仲介・アドバイザリー会社を選ぶことが極めて重要です。

もし間違ってニーズに合わないところに依頼してしまうと、時間を浪費したり、本来必要のない余計な（莫大な）費用がかかったりして、取り返しのつかないことになりかねません。

いったん仲介会社に売却を依頼したものの、期待どおりの成果が得られなかったために改めて別の会社に依頼する人もいます。また、ある仲介会社では受けられない案件でも、別の仲介会社であれば受けてもらえるかもしれません。

しかしながら、**「どこの仲介会社がいい、悪い」という口コミによる評判があまり聞かれず、自ら積極的に調べてみないと、なかなかわからない**ものです。

口コミが広がらないのは、会社を売却した人も、根掘り葉掘り聞かれるのが嫌なので、あまり他人に話したがらないからでしょう。

仲介会社のホームページを見るときは、**業歴、報酬体系、実績は最低限チェックすべき**です。

とくに実績については、売り手の実名や写真が出ているインタビュー記事が多数掲載されているかどうかがひとつのポイントです（仮名やフリー素材の写真では本当かどうかはわかりません）。

売却したオーナーはそれなりの大金を得ているので、あまり目立ちたくないと考える方が多く、このようなインタビューに出てくれる方は少ないのが実情です。

したがって、売り手の実名のインタビュー記事が多いことは、その裏に膨大な実績があることになります。

ウェブ上にある仲介会社のランキング記事は一切当てになりません。

このような記事は**「ステルスマーケティング」（ステマ）といわれる「やらせ」**がほとんどです。

弊社にもよく、ウェブプロモーションの会社から**「御社を1位（上位）にしてランキング記事を書きます」という営業電話**がかかってきますが、ステマに関わるつもりはないので、すべて断っています。

ホームページで内容を確認したあとは、自身に合っていると思う仲介会社（1～3社程度）に問い合わせ、実際にコンサルタントと面談し、

「コンサルタントが十分な知識やノウハウをもっているか」

「特定の買い手に売却することを誘導せず、幅広い買い手候補企業を提案してくれるか」

「自社の売却支援に対して強い意欲をもって取り組んでくれるか」

「コンサルタントの人間性を信頼できそうか」

などを見極めて、1社に依頼するべきです。

また中小企業の健全かつ円滑なM&Aを推進するために、**経済産業省（中小企業庁）が2020年に「中小M&Aガイドライン」を策定**しています。

経済産業省のホームページに掲載されていますので、**仲介会社、アドバイザリー会社を選定する前に一読すること**をおすすめします。

ここでは、以下の４つのポイントについて、仲介・アドバイザリー会社の特徴と見分け方を説明しておきます。

①取り扱う規模
②強み
③報酬体系
④アプローチ方法

以下、ひとつずつ解説していきます。

特徴と見分け方① 取り扱う規模

［図表９］のようにＭ＆Ａ専門会社、金融機関によって、取り扱うＭ＆Ａの売買価格の規模が異なりますので、案件規模が合うところに依頼する必要があります。

取り扱う案件規模によって、各社が保有する情報、必要とされる能力、営業スタイルも違ったものになり、Ｍ＆Ａの成否に影響します。

［図表9］仲介・アドバイザリー会社によって扱う規模が違う

売買価格の規模	M&A仲介・アドバイザリー機関
数百万〜数千万円	M&Aプラットフォーム（M&Aマッチングサイト）、 ウェブサイト売買、 店舗売買の仲介会社等
数千万〜数億円	仲介会社、銀行、証券等
数億〜数百億円	仲介会社、アドバイザリー会社、 銀行、証券等
数百億円以上 上場企業、海外企業の買収	アドバイザリー会社、大手投資銀行、 大手証券等

どれくらいの規模の案件を扱っているかを具体的に知るには、各社のホームページなどで確認するか、あるいは直接各社に問い合わせることが必要です。

本書のテーマは中小企業のM&Aなので、以降の「②強み」「③報酬体系」「④アプローチ方法」については、売買価格が数千万〜数十億円の規模を扱う仲介会社について、その違いを述べます。

特徴と見分け方② 強み

仲介会社は、大きく分類すると、**「情報力・営業力が強みの会社」**と**「専門性が高い会社」**に分かれます。

いわゆる営業会社のように情報力・営業力はあっても半端な知識のコンサルタントが対応する会社もありますし、逆に専門性が高い会社は得てして営業力がないものです。もちろん、情報力と専門性の両方を兼ね備えている会社もあります。

仲介会社の一番の付加価値は、**売り手と買い手それぞれにM&Aの相手方としてふさわしい会社を紹介するマッチング機能**にあります。

なぜならM&Aの案件情報は、不動産情報などとは違って極めて守秘性が高い情報であり、またそもそもいい相手が見つからなければM&Aは成立しないからです。

したがって、**仲介会社は、独自の売却希望および買収希望の会社の情報をどれだけもっているかが極めて重要**で、**ベストの相手先の企業を探してくる営業力も不可欠**です。

ところで、**「ネットワーク外部性」**という概念をご存じでしょうか？

ネットワーク外部性とは、**あるサービスの利用者が多ければ多いほど、利便性や価値が高くなる**ことをいいます。

たとえば、電話がそうです。

自分以外の利用者が少なければ、電話を使う利便性は低いですが、利用者が多ければ多いほど、電話というサービスの価値が高くなります。

M&Aのマッチング機能もこれと同じで、より多くの売り手と買い手の情報をもっている仲介会社の利用価値は高くなります。「どの仲介会社も同じような情報をもっている」

と考えている人がたまにいますが、**実際には各社それぞれ独自の売却案件の情報**をもっています（買い手が複数の仲介会社に買収ニーズを伝えておくことはよくあるので、買収情報は各社重複していることがあります）。

また仲介会社として情報力・営業力があればそれで十分ということはなく、M&Aを進めるプロセスにおいては会計、財務、税務、法務、労務などの専門知識が要求されますが、そういった専門性がない仲介会社に依頼してしまうと、M&A成立後に思わぬリスクを抱えてしまうことになりかねません。

外部から専門性や営業力・情報力を評価するのはなかなか難しいですが、**実績、経営陣やコンサルタントの経歴、実際に面談した際のコンサルタントの受け答えなどから、おおよそ判断はできます。**

ちなみに、情報力のある仲介会社は、ホームページを見ればある程度わかります。ネットおよびリアルで積極的に広告し、ホームページの内容が充実していて、積極的に情報を求める姿勢が見える会社は、やはりそれなりの情報をもっています。

反対に、マーケティングに力を入れていない会社は、人脈や紹介に頼っていることが多く、あまり一次情報をもっていません。

また、専門性や営業力以外では、特定の業種、店舗ビジネス、ウェブサイト売買などに特化した仲介会社もあります。

特徴と見分け方③　報酬体系

仲介会社によって、ホームページなどで報酬体系を公表している会社と公表していない会社があります。

M&A手数料を公表していない仲介会社は、社内ルールに基づき、顧客の企業規模などによって料金体系（たとえば着手金額）を変えていたり、あるいは各コンサルタントに一定の裁量をもたせて交渉で決めたりしている場合が多いです。

公表している仲介会社の場合、一見すると各社とも同様の料金体系を用いているようにも見えますが、**実際には各社の料金体系は相当異なり、最終的に支払わなければならない報酬総額に大きな違い**が出てきます。

確認すべきポイントは、着手金の有無、リテイナーフィー・中間金の有無、成功報酬の計算方法になります。

［**図表10**］に、A社からD社まで4社の報酬体系を例示しています。

[図表10] M&Aの報酬体系

		A社	B社	C社	D社
(1) 着手金	とる	○	○	○	
	とらない				○
(2) リテイナーフィー・中間金	とる	○		○	
	とらない		○		○
(3) 成功報酬	移動総資産ベース	○	○		
	譲渡(買収)価格ベース			○	○

この中でA社に依頼した場合に報酬額が最も大きくなり、D社に依頼した場合に最も小さくなります(後述する成功報酬の最低報酬額は別途確認する必要があります)。

[1] 着手金

着手金をとる会社と、とらない会社があります。

着手金の相場は100万~500万円程度で、いったん依頼すると、M&Aが成立しなかったとしても着手金は戻ってきません。

依頼者の立場からすると、着手金は払わないにこしたことはありませんが、**もし着手金を払う仲介会社に依頼される場合は、必ず譲渡価格などのM&Aの条件を仲介会社とよく協議し、また現実的なM&A成立の可能性を確認しておく必要**があります。

M&Aが成立する可能性がほとんどないのに着手金

を払わされているケースや、企業価値を過大評価し売り手の歓心を買って着手金をとっているケースがあります。

なぜこのようなことが起こるかというと、M&A仲介会社の中には個人ノルマ（予算）に対するプレッシャーが強い会社があり、たとえば数カ月間売上がゼロという状態だと、着手金だけでもとって、売上をつくろうとするためです。

また受託件数が減っているときに、着手金に対してインセンティブをつけるキャンペーンを社内で行っている仲介会社もあります。

着手金をとる仲介会社の言い分として、着手金を払っていない売り手は売却の意思が固まっておらず着手金を払うことで腹が固まる、また着手金を払っていない買い手は「ひやかし」でM&Aを検討するというのがあります。

そのような側面が絶対にないとはいいませんが、ほとんど根拠はありません。

というのも、売り手にしても買い手にしても、M&Aのプロセスを進めるには、大変な労力がかかりますし、仲介会社、税理士、会計士、弁護士等の専門家も巻き込んで進めていくので、とても生半可な気持ちではできないためです。

実際、着手金をとってもとらなくても成約率は変わりません。

弊社にも着手金をとる仲介会社から転職してきたコンサルタントが何人もいますが、前職では「着手金をとることで顧客の意思が固まり成約率が高くなる」という説明を受けてきたのに、着手金をとらない弊社に来てから、全体として成約率が変わらないことを知って「あの説明はいったい何だったのか」と一様に驚いています。

また「④アプローチ方法」のところで詳しく述べますが、**着手金をとることで、買い手の選択肢が狭まり、ベストのM&Aの相手先を見つけられなくなってしまいます。**

[2] リテイナーフィー・中間金

「リテイナーフィー」というのは、**契約期間中に毎月支払う報酬（毎月一定額あるいは時間あたりで請求される報酬）**です。

「中間金」とは、**M&Aの相手方と基本合意契約を締結した際に支払う報酬**で、最終的な想定成功報酬額の1～2割程度です。中間金の最低報酬を数百万円などと定めているところもあります。

リテイナーフィーおよび中間金は、とる会社ととらない会社があります。リテイナーフィーは、専門家の労力に対して支払うフィーです。

次に説明する成功報酬が成功したときに支払うのに対して、リテイナーフィーは成功とは一切関係なく支払うフィーです。したがって、リテイナーフィーを払うのであれば成功報酬はゼロにしてもらうか、少なくとも極めて低額にしてもらうべきでしょう。

中間金は、ある意味、この業界で最も問題がある報酬です。まだ1円の譲渡対価も得ておらず、2～3割の確率でM&A成立に至らないにもかかわらず、中間金は成功報酬の1～2割と多額になりますので、**中間金はなしにしてもらうか、少なくともM&Aが成立しなかった場合は、返金してもらえるよう契約に定めておくべき**でしょう。

[3] 成功報酬

ほとんどの会社が**「レーマン（リーマン）方式」**と呼ばれる、**取引金額に一定の料率をかけて算出する成功報酬体系**を採用しています。

［図表11］が各仲介会社でよく使われているレーマン方式の表になりますが、仲介会社によっては料率（パーセンテージ）を少し変えていたり、取引金額の区分を変えたりしているところもあります。

［図表11］にならって成功報酬額を計算すると、たとえば取引金額が6億円の場合は、

[図表11] 取引金額による料率（レーマン方式）

取引金額	%
5億円以下の部分	5%
5億円超～10億円以下の部分	4%
10億円超～50億円以下の部分	3%
50億円超～100億円以下の部分	2%
100億円超の部分	1%

5億円以下の部分は5％を、5億円を超える部分の1億円（＝6億円－5億円）の部分には4％をかけますので、成功報酬額は、「5億円×5％＋1億円×4％＝2900万円」となります。

なぜ単純に「6億円×4％」として計算しないのかと思われる人もいるかもしれません。

これは基本的には取引規模に応じて成功報酬が高くなるという考え方なので、「6億円×4％＝2400万円」としてしまうと、取引金額が5億円のときの「5億円×5％＝2500万円」を下回ってしまい、取引金額が大きくなったのに、成功報酬が減るという現象が起こってしまうためです。

ところで、[図表11] やその計算の説明の中では、あえて「取引金額」というあいまいな言葉を使っていますが、これには理由があります。

なぜなら、**取引金額の定義が「移動総資産」「株式価格＋オーナー借入金」「株式価格」**などの場合があり、この**取引金額の定義の違いによって成功報酬額に大きな差が生じる**ためです。

成功報酬は、

「移動総資産」→「株式価格＋オーナー借入金」→「株式価格」

の順で小さくなります。

たとえば株式１００％の譲渡価格が３億円で、総負債が12億円の会社があったとします。このＭ＆Ａ案件の成功報酬を、「移動総資産ベース」および「株式価格ベース」のそれぞれで計算すると以下のようになります（ここでは次に述べる最低報酬額は無視しています）。

◎移動総資産ベースでの成功報酬の計算

株式価格３億円＋総負債12億円で、移動総資産が15億円となり、

５億円×５％＋５億円×４％＋５億円×３％＝６０００万円

◎株式価格ベースでの成功報酬の計算

株式価格が３億円なので、

3億円×5％＝1500万円

このように、**同じM＆Aでも取引金額の定義の違いにより、支払うべき成功報酬額に4倍もの差が出てきます。**

この例のように、株式に3億円の価値がついた場合はまだいいのですが、移動総資産が大きくても純資産がほとんどなく、利益も出ていない場合には、株式の価値がほとんどつかないこともあります。

そのような場合、売り手は譲渡金額がほとんど得られないにもかかわらず、過大な成功報酬を払わなければならず、結局、成功報酬支払い後の手取り金額はマイナスになるということもあり、何のために会社を売却したのかわからなくなってしまいます。

買い手にとってみても、本来引き継ぐべき借金は少ないほうがいいわけです。にもかかわらず、借金が大きい会社のほうが移動総資産は大きくなるので、**引き継ぐ借金が大きければ大きいほど、支払わなければならない成功報酬額が高くなってしまいます。**

企業価値（エンタープライズ・バリュー）は有利子負債も含めて考えるので、この「移動総資産ベース」という考え方は完全に不合理とは言い切れないところはありますが、依頼者としては非常に納得しづらいものです。

移動総資産に料率をかけるというのは、そこに何か精緻なロジックがあるというよりも、そのほうが報酬を多くとれることから考え出された計算方法でしょう。

［4］最低報酬額

各仲介会社は、それぞれ成功報酬の最低金額を定めています。最低報酬額の相場は、300万円から2500万円程度と各社で相当異なります。

譲渡（買収）価格が数千万円から数億円の規模のM＆Aを依頼される場合は、最低報酬額がいくらかは必ず確認しておく必要があります（仲介会社の中には、ホームページの報酬体系のところでは最低報酬額を明示していないところがあります）。

各社が設定している最低報酬額から、各社がどれくらいの規模のM＆Aから支援しているかを推測することができます。

最低報酬額に限らず、報酬が高くなるということは、結局、最終的な手取り金額が少なくなるということです。

仲介会社は買い手からも同様の報酬をとりますが、買い手は当然ながら、報酬額も含めて投資が割に合うか考えるので、報酬額が高くなると、その分、売り手に提示する金額を下げます。

したがって、**最低報酬額や成功報酬の計算の仕方によって、報酬額が高い仲介会社に依頼すると、買収価格が低く提示されるうえに、さらに高い報酬を払わないといけなくなり、二重に手取り金額が低くなってしまいます。**

特徴と見分け方④ アプローチ方法

仲介会社の見分け方の最後のポイントは、M&Aの相手方に打診する際のアプローチ方法の違いです。

相手企業へのアプローチには2つの方法があります。

以下、売却の依頼を受けて、買い手企業を探す例で説明します。

[1] 同時並行アプローチ

同時並行で複数（数社~数十社）の買い手候補企業にアプローチし、交渉を進めて、最も相性と条件が合う相手先を探す方法です。

［2］1社ずつアプローチ

買い手候補企業に優先順位をつけ、まず1社（または2～3社）にアプローチし、その1社（2～3社）とのみ交渉を進め、条件が合わなければ、また次の1社（2～3社）にアプローチして、条件が合う会社が出てくるまで探す方法です。

私は通常、前者の**「同時並行アプローチ」をおすすめ**しています。

このアプローチのメリットは、**同時並行で複数社と交渉を進めていくので、比較的短期間にM＆Aを成立させることが可能**なことと、**複数社を比べたうえで最も相性と条件がいい相手先を選ぶことができる**ことです。

後者の「1社ずつアプローチ」の場合は、買い手候補企業との交渉が決裂すると、また一から別の会社へアプローチするため、最終的に譲渡が成立するまでに長期間を要する可能性が高くなります。

また、現在交渉している買い手候補企業がベストの相手先かどうか、判別するのが極めて困難です。

ビジネスの世界では、何かを購入するときは相見積もりをとるのが半ば常識で、複数と同時に交渉するのはみなさんが普通にやっていることなので、なぜこんな当たり前のことをいうのかと思われるかもしれません。

しかし、**じつはM&A仲介の現場では、複数同時並行の交渉は当たり前のことではないのです。**

実際は、多くの仲介会社が1社（2～3社）ずつ買い手候補にアプローチしてそこから出てきたオファーに対して売り手に決断を迫っています。

なぜそのようなことが起こるかというと、「仲介会社の報酬体系」に原因があります。

一般的な仲介会社は、売り手からだけでなく、買い手からも着手金をとりますが、着手金を払わされたあげく、すぐに他社と決まってしまったということになれば、着手金を払った買い手から大きなクレームを受けます。

また、通常買い手は、着手金を払うにもかかわらず、ほかの買い手と条件を競わされるというのは承諾しません。

そのような買い手は着手金を払う代わりに、独占的に（または自社を含めてせいぜい2～3社程度で）売り手と交渉することを要求します。

そうすると、**仲介会社としても、着手金を払う買い手には、（少なくともある程度は）独**

占的に交渉させないといけないので、同時並行アプローチをとることができず、基本的に売り手には買い手1社（2〜3社）ずつと交渉させる方法をとります。

当然、仲介会社としても、「手間をかけずに案件が成約すればそれにこしたことはない」というインセンティブが働くので、買い手からオファーが出てくれば、売り手に決断を迫ることになります。

これだと、**多くの選択肢を同時に比較検討して、ベストの相手先を選定することができません。**これが**着手金をとる仲介会社の「最大のデメリット」**といえます。

また、独立系ではなく企業グループに属している仲介会社や金融機関でM&A仲介をする場合も、グループ内の会社や重要取引先と優先的に交渉させるということがあります。

このように仲介会社のアプローチ方法によっては、売り手の利益が損なわれることになりかねません。

したがって、仲介会社に売却活動を依頼する場合は、**「買い手に対するアプローチ方法を事前に確認すべき」**です。

Q45 仲介者・アドバイザーには、どのようなインセンティブがあるのですか?

A 報酬の種類によって、仲介者・アドバイザーに異なるインセンティブが働き、依頼者との間で利益相反が生じることがあります。

仲介者・アドバイザーを使う立場としては、単純に仲介者は中立、アドバイザーは自分の味方と思って、仲介者、アドバイザーのいうままに意思決定すると、思わぬ落とし穴にはまることもあるので気をつけてください。

うまく仲介者・アドバイザーを使うために、仲介者・アドバイザーにどのような金銭的インセンティブが働いているかを知っておくことが重要です。

前述したような仲介者とアドバイザーの違いがあるにもかかわらず、仲介者とアドバイザーは報酬体系が似かよっているため（売り手からもらうか、買い手からもらうか、双方から

もらうか、という違いはありますが）、同じような金銭的インセンティブが働いています。

仲介者・アドバイザーがもらい受ける各種の報酬がどのようなインセンティブを生み出し、依頼者との間で利益相反になりうるかを［図表12］にまとめました。

［図表12］をご覧いただければわかるように、**依頼者（売り手や買い手）と仲介者・アドバイザーは利害が一致しない**ところがあります。

M&Aの依頼者は、まずはこの現実をしっかりと認識し、M&A支援を依頼する前に仲介者・アドバイザーと十分な協議をする必要があります。

たとえば、着手金が要求される場合は、自社のM&Aの成立確率を確認しておく必要があります。そして、成立確率を説明させるには、売却条件・買収条件（どのような条件でM&Aをしたいか）を事前に話し合っておかなくてはなりません。

なぜなら、成立確率は設定する条件によって大きく左右されるからです。

「条件を話し合うのは、まずは契約して、着手金をいただいて、資料をもらってからです」というのは、着手金狙いの可能性があるので気をつけたほうがいいでしょう。

仲介者・アドバイザーが「リテイナーフィー」を要求する場合は、彼らは、フィーに見

[図表12] 報酬と仲介者・アドバイザーに働くインセンティブの関係

報酬の種類	仲介者・アドバイザーに働くインセンティブ（依頼者との利益相反）
着手金	・案件の成約確率が極めて低くても、相談者に耳触りのいい話をして、とりあえず契約を結んでM&A支援を受託する
リテイナーフィー（毎月一定の報酬）	・M&Aは時間がかかるものということを最初に認識させる ・同時並行で打診していくと短期間で決着がついてしまうので、1社1社、時間をかけて交渉していく
リテイナーフィー（作業時間に応じた報酬）	・仕事をしていることをアピールするために、詳細で分厚い資料を一生懸命つくる
中間金（基本合意書の締結時）	・拙速に基本合意書を締結させる ・基本合意書を締結すれば、クローズに至る可能性が極めて高いことを認識させる
成功報酬（最終契約の締結・クローズ時）	・現在の交渉相手がベストの相手だと認識させる ・最終契約後にリスクが残る形でも、とりあえず最終契約を締結させる ・成功報酬が取引金額（売却価格／買収価格）の大きさに比例する場合は、なるべく高い価格で取引を成立させようとする ・ただし、交渉決裂すると成功報酬がもらえないので、取引金額をなるべく大きくするよりは交渉成立を優先させる

合う仕事をしていることを依頼者に認識してもらう必要があるので、どうしても「一生懸命やってる感」を演出するというインセンティブが働きます。

ある同業者の知人は、

「なるべく分厚い資料をつくってお客さんを驚かせて、メールはなるべく夜中に送れ」

と上司から指示されているといっていましたが、このようなことは十分起こりえます。

リテイナーフィーを支払う場合は、本当にそれに見合う仕事をしているのか、見せかけや必要以上の無駄な仕事をしていないかを見極めることが重要です。

「中間金」は、売り手と買い手との間で、基本合意書が締結された場合に、仲介者・アドバイザーがもらう報酬で、通常、成功報酬額の1～2割です。

この**中間金というのは、あまり根拠のないフィー**といえます。

なぜなら、**基本合意書を締結しても、その後のデューデリジェンスや最終契約書の交渉時に、交渉が決裂することもよくある**からです。

私のこれまでの経験でいうと、基本合意書を締結した案件が最終的にクローズに至る確率は7～8割程度です。

まだ決まらない確率が2～3割もあるのに、成功報酬の一部を支払うというのはあまり

合理的な理由がないので、**中間金はあらかじめ交渉して払わないようにするべき**でしょう。

もし**「基本合意に至れば、95%は成約します」**などという仲介者・アドバイザーがいればそれは嘘です。中間金をとるために方便でいっています。

最終クローズ後の成功報酬は通常、ほかのフィーより大きいので、仲介者・アドバイザーに対して最も大きな金銭的インセンティブを与えます。成功報酬が取引金額に連動していても、仲介者・アドバイザーとしては、交渉が決裂すれば成功報酬はゼロです。

したがって、より高い取引金額で交渉をまとめようとするよりも、「確実に交渉がまとまるように、依頼者の期待値をコントロールして交渉をまとめたい」というインセンティブが仲介者・アドバイザーには働きます。

ちなみに、買い手が、仲介者・アドバイザーと契約する場合、買収価格が高くなれば成功報酬も高くなるというのは利益相反になりうるので、あらかじめ想定買収価格を決めて、成功報酬を（買収価格に連動させないようにして）固定にするとか、逆に買収価格が低くなればなるほど、成功報酬も高くするという方法もありえます。

このようにM&Aの依頼者と仲介者・アドバイザーの利害が一致しないのは、弁護士等の専門家とそのクライアントの利害が完全には一致しないのと同じです。

作業時間に応じてフィーをもらうことが多い弁護士は、事件がもめて長引けば長引くほどフィーを多くもらえることになります。

しかし、だからといって多くの弁護士が悪徳で、自分の利益（フィー）を多くするために、事件を長引かせるかというと、もちろんそんなことはないでしょう。

人間には金銭的インセンティブ以外にも、「プロとしての職業倫理を守りたい」「いい評判を得たい」「顧客と長期的な信頼関係を築きたい」というようなインセンティブも働くからです。

いずれにしても、**M&Aの依頼者は、仲介者・アドバイザーにどのような金銭的なインセンティブが働いているか、また仲介者・アドバイザーとは利害が一致しない点があることをよく理解し、仲介者・アドバイザーの理念、価値観、人間性と能力を見極めたうえで、仲介者・アドバイザーを選定し、うまく活用することが決定的に重要**です。

M&Aの仲介・アドバイザリーを生業としている私が、なぜわざわざここで仲介者・アドバイザーのインセンティブが依頼者の利害と一致しないことを強調するのかと思われるかもしれません。

それは、**「着手金」「リテイナーフィー」「中間金」をとられたが、まったくいい相手先**

を紹介してくれなかった、最終的にM&Aが成立しなかった、またM&Aは成立したが、契約条件の詰めが甘く、その後トラブルが発生したという事例をこれまで何度も見聞きしてきたからです。

仲介会社・アドバイザリー会社の中には、顧客からのクレームが頻発し、訴訟を抱えているところもありますので注意が必要です。

Q46 今後「完全成功報酬制」の仲介会社が主流になるのですか?

A 主流になるかどうかはまだわかりませんが、この数年で新たにできた仲介会社は、依頼者にとって納得性が高い完全成功報酬制のところが最も多いです。

「着手金（およびリテイナーフィー、中間金）＋成功報酬」というのが従来の仲介会社の一般的な報酬体系でしたが、成功報酬のみで対応する会社も増えてきています。

ひとつ注意すべきことは、仲介会社のホームページで「成功報酬ベース」「成功報酬型」とうたっていても、詳しく話を聞いてみると実際には着手金や中間金の支払いが必要ということがよくあります（中間金のことを「第一次成功報酬」などといって、あたかも成功報酬かのように説明しているところもあります）。

これらは「成功報酬が中心の報酬体系」を意味しており、それ以外の報酬を求めないとはいっていないということなのでしょう。

紛らわしいこと、このうえありません。

依頼者はどのようなときに報酬が発生するのか、どのような費用を負担しなければならないのかをあらかじめしっかりと確認する必要があります。

本書では、本当に成功報酬のみでM＆Aを支援する（ただしコンサルタントの交通費などの実費は負担を求められることがあります）ことを「**完全成功報酬制**」と呼んでいます。

このような完全成功報酬制の仲介会社には、以下のインセンティブが働いています。

①依頼者にとってリスクを少なくして、相談を受けやすくして案件を集める
②成約率があまりに低い案件を受けても、結局成功しなければフィーはもらえないので、成約率が高い案件だけを受け、社員のモチベーションを高める
③たとえ成約に至らなくても、フィーはいただいていないので、依頼者からのクレームはなく、気持ちよく仕事ができる
④「一生懸命やってる感」を出すための本質的でない無駄な仕事をする必要がなく、成果を出すための本質的な仕事に集中できる

完全成功報酬制は、成果を出した場合だけフィーを受け取るため、基本的にクレームを受けることがなく、依頼者とお互い気持ちよく仕事ができます。
コンサルタントも成約率があまりにも低い仕事や、本質的でない無駄な仕事をする必要がないので、モチベーションを高く保ち、大変な仕事でも充実感をもって仕事をすることができるということになります。

また、**完全成功報酬制では、案件を受ける前に、M&A成立の希望条件を依頼者と話し合い、成約率を見極めたうえで仕事を受ける必要がありますので、完全成功報酬制の仲介**

会社のコンサルタントは、成約率を見極める目が自然と養われます。

ネガティブな側面としては、

「固定報酬がないので経営が安定しづらい」

「成約率が低い案件は受けられない」

「成約しなくてもクレームがないので無責任に仕事をしてしまう恐れがある」

ということがあげられます。

本書の旧版では「現在は、中小企業のM＆Aを支援する仲介会社は着手金等のフィーをとるところがほとんどですが、今後は成功報酬のみのところが主流になっていくと思われます」と書いていますが、この数年まさにそのような状況になってきています。

着手金、中間金、成功報酬などをどう組み合わせるかにより、さまざまな報酬体系がありますが、**この数年で新たにできた仲介会社で最も多い報酬体系は、シンプルかつ依頼者にとっても納得性が高い完全成功報酬制**です。

Q47 どのようなM&A仲介会社のコンサルタントに向いていますか？

A 「①目標達成力」「②営業力（コミュニケーション能力）」「③実務能力」「④人間力（人間性）」「⑤業界に対する志望度」の5点で高い評価を得る人です。

上場企業の平均年収ランキングでは、M&A仲介会社が上位にくる状態が近年続いています。

また大手・中堅のM&A仲介会社は増えつづけるM&Aニーズに応えるため積極採用を続けており、転職希望者より、M&A仲介会社が求める人物像や給与体系などについて詳しく知りたいという要望があります。

じつは本書の旧版は、望外にもM&A仲介会社への転職希望者に多く読まれました（もともとの想定読者に転職希望者は入っていませんでしたが）。

これは弊社への応募者の多くが読んでいたということではなく、M&A仲介業に強い人材紹介会社が、「この本を読めば、M&A仲介会社や業界についてよくわかる」ということで、仲介会社への転職を希望する人材に対して、本書の旧版を自発的にすすめてくれていたためでもあります。

さて、どのような人材がM&A仲介会社のコンサルタントに向いているか、また（その裏返しですが）仲介会社がどのような人材を求めているかというと、以下が多くの仲介会社が見ているポイントです。新卒採用を行っている仲介会社もありますが、業界全体としては、中途採用がメインですので、以下中途採用の求職者に向けて書きます。

①目標達成力
②営業力（コミュニケーション能力）
③実務能力
④人間力（人間性）
⑤業界に対する志望度

以下、一つひとつ補足説明します。

ポイント① 目標達成力

高い目標に対して、意欲をもって、諦めずに、粘り強く達成しようとする「やりきる力」です。適度な危機感、焦燥感を常にもち、結果を求めつつも結果に一喜一憂せず、正しいやり方で行動しつづけることが重要です。

仲介会社によって、目標が会社から与えられる場合と、コンサルタント自ら目標を設定する場合があります。

会社から与えられる目標達成に向けて、常にプレッシャーをかけられ、成績が悪い状態が続くと、詰められる（場合によっては退職勧奨される）ところもあります。プレッシャー耐性を見るために、あえて圧迫面接をするところもあります。

自ら目標を設定する仲介会社では、これまでどのように自ら高い目標を設定し、それに向けて努力し、達成してきたかを見られます。

ポイント② 営業力（コミュニケーション能力）

一口に営業力やコミュニケーション能力といっても、仲介会社の面接官は、たとえば以下のような多面的な能力、適性を見ています。

- **人に与える第一印象がよいか**
- **経営者に好かれるか、経営者の懐に入ることができるか**
- **経営者に対して、専門家として厳しいこともいえそうか**
- **聞かれたことに対して、的確に、適当な文章量で答えているか**
- **事前に業界や会社のことを調べて、適切な質問を用意してきているか**
- **他社と競合したときに、専門性と熱意を示して、勝てそうか**
- **コールドコールの電話営業などする際に、くじけずに継続できる覚悟をもっているか**

ポイント③ 実務能力

実務能力は、専門知識と一般的な実務能力（資料作成能力、計数理解力、論理的思考力など）に分けることができます。

専門知識は、M＆A仲介・アドバイザリーの実務以外にも、**会計、財務、税務、法務、労務や特定の業界に対する知見など**です。

このように、**多岐にわたる知識を駆使して問題解決や交渉にあたるため、M＆A業務は**

「総合格闘技」または「総合芸術」と表現されることもあります。M&A業務の経験者の場合は、実績が厳しく問われます。

一般的な実務能力については、作文の提出を求めたり、プレゼンを実施させたりするところや、筆記試験・適性検査を実施するところがあります。

当然ながら履歴書・職務経歴書などの応募書類でも、資料作成能力は見られています。読む人の立場で、正確にわかりやすく記載されていて、自身のアピールがしっかりできているかが重要です。

意味不明の文章・語句があったり、情報がアップデートされていなかったり、誤字脱字が多かったりするようでは、書類選考で落ちてしまいます。

入社後も先ほど列挙した専門知識を学ぶ必要があるので、一般的な学力を測る指標として、学歴を重視しているところもあります。

「入社前にどのような勉強をしておけばいいか」とよく聞かれますが、まずは**会計の知識をしっかりと身につけておくべき**です。入社前あるいは入社後早期に、簿記2級程度を取得するのが望ましいです。

ポイント④ 人間力（人間性）

この人間力、人間性というのは、会社や面接官によって見るポイントは変わってきますが、以下のような点を見られています。

- 自信
- 人間的魅力（外見、内面、特技など）
- リーダーシップ
- 向上心
- 積極性
- 当事者意識
- 性格の明るさ
- 誠実さ
- 素直さ
- 謙虚さ
- 協調性
- 社風と合うかどうか

ポイント⑤ 業界に対する志望度

採用する側とすれば、「入社する社員には、成果を出しつづけて長く働いてほしい」と考えています。

しかし、成果はその人の能力、努力だけでなく、運に左右される部分もあるので、成果を出しつづけるのは簡単ではありません。

成果が出なかったときに、この業界で働くことに意義（事業承継問題の解決、黒字廃業の解消、日本経済の生産性の向上など）を感じていれば、モチベーションを保つことができます。

したがって、面接官は、M&A仲介業界に対する志望度の高さも見ています。

ほかの業界の会社を同時に受けているのは問題ありませんが、同業他社を受けているほうが業界に対する志望度の高さをアピールしやすいでしょう。

もちろん、明確な理由がいえれば、同業他社を受けている必要はありません。

ほかには、やはりM&A関連の本を読んだり、業界で働いている人や人材紹介会社に話を聞いたりして、M&A仲介業界のこと（可能であれば会社ごとの違い）をよくわかっている人は印象がよくなります。

調べることで、面接時により的確な質問ができるようにもなります。

以上、5点について述べてきましたが、もちろん仲介会社によって、何を重視するかは違いますし、これら5点以外にも重視している点はあろうかと思います。

いずれにしても、**採用されるには相当ハードルが高い**といえます。

実際に、M&A仲介は、社会的ニーズが大きく業界が伸びている、年収が高いなどの理由で、各業界のトップクラスの人材がこぞって仲介会社を受けにきているという印象で、難関であることは間違いありません。

書類選考から最終的に採用オファーが出る率は、仲介会社にもよりますが、**1〜5%程度**です。

難関ゆえに、応募書類をよく見せようとして、職務経歴書で営業実績などについて、誇張や嘘が含まれていることが一定割合であります。

しかし、仲介会社も、応募者の社内での受賞歴などについてはエビデンスを要求しますし、可能な範囲で調査をしますので、誇張や嘘はたいていバレます。

入社後に、応募書類における虚偽が発覚すると解雇事由にもなりえるので、注意してください。

Q48 求職者の立場から見て、仲介会社間でどのような違いがありますか？

A 「企業風土」「仕事のやり方」「好む人材」は、仲介会社によって相当な違いがあるので、自身に合った仲介会社を見つけることが重要です。

M&A仲介会社で共通して求められる能力、マインドセットがある一方、じつは各社の企業風土、仕事のやり方、好む人材については、かなり違いがあります。

次に、それぞれ違いを対比して記載していますが、必ずしもどちらがいいということではなく、また当然両者の中間的な仲介会社もあります。

自身に合った仲介会社を見つける参考としていただければと思います。

企業風土①　「ガチガチの行動管理」vs.「成果のみ管理」

行動管理が厳しいところは、毎週の営業電話件数、電話する時間帯もある程度決められていて、また携帯電話にGPSをつけて行動を監視しているところもあります。

成果のみ管理するところは、細かい行動管理はせずに、個々のコンサルタントの裁量に任せています。

企業風土②　「業績志向」vs.「顧客志向」

とにかく業績を上げることで評価される会社もあれば、「顧客志向に徹して業績はあとからついてくる」と考えるところもあります。

顧客志向かどうかを見極めるポイントには、以下があります。

- **売り手と買い手が相思相愛になり、順調に交渉が進んでいるときに、「ディールブレイカー」（案件の交渉を破談させるもの）となりうる売り手の問題点が発覚した場合に、それを誠実に買い手に伝えるか、あるいは伝えずに案件をまとめようとするか**
- **買い手に十分な時間を与えてデューデリジェンスをしっかりしてもらうようにして**

いるか、あるいは十分な時間を与えなかったり、デューデリジェンスを省略する買い手に優先的に案件を紹介したりしているか

・仲介会社の決算期（四半期決算含む）前に、いわゆる「押し込み」といわれる、買い手、売り手を急かして期末までに成約させるようなことはしていないかどうか

企業風土③ 「件数重視」vs.「大型案件重視」

「件数重視」の仲介会社は、案件規模やフィーの大きさにかかわらず、こつこつとシングルヒットを打ちつづける（小さな案件を定期的に成約する）ことが求められます。

個人の売上だけで評価が決まるなら、誰も小さな案件はやりたがらなくなるので、このような仲介会社では、定性面を比較的重視して評価される傾向があります。

一方、「大型案件重視」の会社では、一定期間ヒットが打てなくても、ホームランを打つ（大きな案件を決める）ことが重視されます。

このような会社では、個人の売上数字が評価に最も影響を与えます。

仕事のやり方① 「分業制」vs.「一気通貫」

「分業制」のところは、売り手担当のコンサルタントと買い手担当のコンサルタントを分けたり、ソーシング（案件の獲得）担当とエグゼキューション（案件の実務）担当に分けたり、さらに進んで、インサイドセールス（電話営業）、売り手担当、マッチング担当、買い手担当、基本合意以降の手続き担当などと細分化したりしているところもあります。

「分業制」のところは組織として仕事をして効率的な部分もあり、特定の専門的な能力を身につけることができますが、一方で、ひとつの案件に関わる人が増えてミスコミュニケーションが起こりやすくなったり、インセンティブ（賞与）を関わった人で分ける必要が出てきたりします。

「一気通貫」のところは、あえて「分業制」はとらずに、案件の獲得からクロージングに至るまで、ひとりのコンサルタントが担当します。そのため、幅広い能力が求められるので、一般的に採用基準が高く設定されています。

また「一気通貫」のところでは、M&Aのプロセス全体についてのノウハウが身につきますが、コンサルタント個人の能力に依存する属人的な部分が大きくなります。

そして、コンサルタントが案件の責任を負うので、コンサルタントが得るインセンティブ（賞与）は、「一気通貫」の会社のほうが大きくなる傾向があります。

仕事のやり方② 「徒弟制度」VS.「一人親方」

「徒弟制度」「一人親方」というのはやや誇張した言い方ですが、「徒弟制度」の会社は、未経験者として入社すると、まずは見習いとして、上司が担当している案件を、上司の指示で部分的に手伝うことから仕事を始めます。その中で徐々に仕事を覚え、ゆくゆくは独り立ちして自分の案件を主担当としてもつようになっていきます。

「一人親方」の会社は、未経験者として入社しても、最初から主担当として案件をもちます。もちろん最初は何もわからないので、上司や同僚に都度何でも相談し、助言や支援を受けながら仕事を進めていくことになります。

個人の裁量が大きく、早く成長できますが、最初から主体性をもって仕事に取り組む必要があるので、指示待ち人間では務まらず、採用のハードルも高くなります。

仕事のやり方③ 「長時間労働」VS.「ワークライフバランス」

「M＆A仲介会社は激務」というイメージをもっている人が多いですが、これも会社によって違います。

激務の会社は、深夜、休日も働く長時間労働は当たり前で、しかもサービス残業のところもあります（ただし、もちろん成果を出せば、高い年収を得られます）。

一方で、「どれくらいの時間働くか」は個人の裁量に任されていて、ワークライフバランスが十分とれる仲介会社もあります。

ところで、Ｍ＆Ａ仲介会社を受けにくる人は、他社でトップクラスの成果を出していた人が多く、「とにかく成果を出したい」「早く成長したい」という人がいます。

なかには面接で、

「夜は何時まで働くことができますか？」

「休日も働いてもいいですか？」

と質問してくる人がいます。

「コンプライアンスを非常に重視しているので、残業は法定の範囲内におさめていただく必要があります」

と弊社としては答えていますが、そうすると残念がって辞退した人もいました。

好む人材① 「経験者重視」vs.「未経験者重視」

一般論としては、経験者は即戦力、未経験者は育てるのに時間がかかるため、経験者が有利ですが、仲介会社の中には未経験者を好むところもあります。

そういう会社は、前述したように仕事のやり方や報酬体系が各社異なるので、「他社の考え方や癖が染みついていない未経験者を自分たちが最初から教えたほうがいい」と考えます。

いずれにしても、応募者は圧倒的に未経験者が多く、経験者しか採らないといっていると採用が進まないので、**ほとんどの仲介会社では、未経験者でも十分チャンスはあります。**

好む人材② 「営業力重視」vs.「実務能力重視」

営業力はどこの会社もある程度重視しているのですが、営業力を極端に重視しているところと、営業力だけでなく、実務能力も非常に重視しているところがあります。

じつは営業力と実務能力は、相反する能力ということができます。

なぜかというと、極めて高い営業力がある人は、できないこともできるといって仕事をとってきて、仕事を受けてからやり方を考える（あるいは他人に任せる）という側面があり、そういう人が大きな成果を出すことがあります。

一方、実務能力が極めて高い人は、完璧主義の人が多く、自分が完璧にできることについては喜んで引き受けますが、自分がやったことがないこと、うまくできそうにないことはやりたがらず、仕事の幅を広げることが苦手な傾向があります。

つまり、「営業力が高い人」と「実務能力が高い人」は性格的には反対の場合が多く、両方を高いレベルでできる人は、非常に少ないのです。

営業力を極めて重視している仲介会社では、とにかく現職での営業実績が問われます。上位数%くらいに入っていないと、オファーをもらうのは難しいでしょう。

その代わり、学歴不問で、筆記試験・適性検査も実施されないところが多いです。

好む人材③「特定の業界出身者」vs.「出身業界の多様化」

特定の業界出身者が多い仲介会社があります。たとえば、銀行、証券、不動産業界出身者などを好んで採用しているところがあります。

一方で、この三業界以外にも、監査法人、コンサルティング、商社、人材、メーカー、ヘルスケア、保険、広告、ＩＴなどの幅広い業界から採用し、経歴、能力の多様化を志向している会社もあります。

いずれにしても大企業出身者がほとんどで、ベンチャー企業、中小企業からＭ＆Ａ仲介業界に来ている人は少ない印象です。

全体的にどの業界出身者が多いかというと、やはり銀行、証券出身者が多く、メガバンク、大手証券だけでなく、地銀、中堅証券の出身者も多く転職してきています。

ただし、銀行、証券でM&A業務に携わっていた人はむしろ少数派で、大多数がM&A業務は未経験で仲介会社に入っています。

個別企業でみると、おそらく最も多い前職の会社は、意外に思われるかもしれませんが、キーエンスだといわれています。

キーエンスは、センサーなどの検出・計測制御機器の大手企業で、日本でも有数の時価総額が高い会社です。コンサルティング営業で鍛えられたキーエンス出身者が、多くの仲介会社に入っています。

以上、求職者目線で仲介会社の企業風土、仕事のやり方、好む人材の違いを見てきました。

ここでは個別の仲介会社名を出すのは控えましたが、M&A仲介会社に詳しい人材紹介会社やM&A仲介の業界関係者に聞けば、どこかどうだということを教えてもらえるかもしれません。

Q49 M&A仲介会社の給与体系はどうなっていますか?

A

「基本給」「個人業績に基づくインセンティブ(賞与)」「会社・部門の業績賞与」「その他賞与」「ストックオプション」などがあります。またインセンティブはさまざまな計算方法があります。

まず、M&A仲介会社の年収が高くなる理由について述べます。

M&A仲介事業は、扱う金額の規模が大きく、案件ごとの取引金額は、小さくても数千万円、通常は億単位になり、10億円~数十億円規模の取引金額を扱うことも一定割合であります。

したがって、その取引金額に3%~5%程度の料率をかけても大きな報酬になります。

次に、人件費以外の原価としては、案件を紹介してくれた人がいた場合に支払う紹介料くらいで、ほかにほとんど原価としてかかるものがありません（販管費としては、広告費などはそれなりにかかりますが）。

したがって、利益率が高くコンサルタントの人件費に振り向けられる原資が多くなります。

さらに各仲介会社は営業現場でしのぎを削っているだけでなく、優秀な人材の採用においても激しく争っています。

売り手のオーナー社長が仲介会社に相談する際、まずは1社だけに相談される人もいますが、2～3の仲介会社に初期的な相談をする人も多くいます。

売り手のオーナーがどこに相談するかというのは、仲介会社側から見ると、これはマーケティングの世界です。しかし、コンサルタントがオーナーと面談する段階まで来ると、ここからは営業の世界になってきます。

営業の世界では、**仲介会社の規模、知名度、報酬体系も影響**しますが、**個々のコンサルタントがオーナーから信頼されるかどうかが、売却支援を依頼されるうえで大きなウエートを占める**ようになります。

したがって、**仲介会社としては専門性、熱意、人間性の総合力で他社のコンサルタントに勝てる人材を獲得することが決定的に重要**になります。

このような熾烈な人材獲得競争の中で、ほかの条件が同じであれば、社員への還元を重視している仲介会社に優秀な人材が流れるため、各社は給与やインセンティブ制度を魅力的なものにしようと努力しています。

以上述べてきた理由により、**業界全体として年収水準が高くなっています。**

ここからはM&A仲介会社のコンサルタントの給与体系についてお話しします。

基本的な給与体系は、通常の会社と同様に、基本給と賞与があり、その2つの合計で年収が決まります。

基本給は、最低限の基本給しか出さないところから、前職給与を1年間保証するところまであります。

前職では社内でトップクラスの成績を出していた人が多いため、前職の年収（基本給＋賞与）と仲介会社への転職後の年間基本給（賞与は含めない）を比べると、上がる人は少なく、同等か下がる人が多くなります。

賞与は、最も大きいのが個人業績に基づくインセンティブです。

個人業績とは、コンサルタントが担当して成約した案件の売上（紹介料がある場合は、紹介料を控除したもの）です。

前述した分業制の会社や徒弟制度の会社のように、ひとつの案件に複数のコンサルタントが関与して成約に至った場合は、その案件の売上を各コンサルタントに配分して個人業績を決定します。

配分を決める際、公平なルールに基づいて配分が決まる場合はいいですが、恣意的に上司が配分を決めている場合は、コンサルタントが配分に不満をもつことが多くなります。

個人業績に基づくインセンティブは、年に1回または複数回支払われますが、インセンティブの計算方法で多いのは以下の3パターンです。

すべて基本給は500万円、個人売上6000万円と仮定して、インセンティブ込みの年収を3パターンで試算してみます［**図表13**］。

①と②と③の中では、たまたま③の年収が最も高くなりましたが、基本給、個人売上、料率、年間予算をどう設定するかによって当然計算結果は変わります。また売上が上がるにつれて料率が変わるなど実際はより複雑になっていることがあります。

M&A仲介業界では、**入社して最初の1年以内に1件成約できるかが、ひとつのポイント**といわれています。

[図表13] インセンティブの計算方法および年収

試算①売上に一定の料率（たとえば20%）をかける。

インセンティブ	：6000万円×20%＝1200万円
基本給	：500万円
年収	：1700万円

試算②コンサルタントごとに年間予算（たとえば3000万円）が与えられ、予算を超えた売上に対して一定の料率（たとえば25%）をかける。

インセンティブ	：（6000万円－3000万円）×25%＝750万円
基本給	：500万円
年　収	：1250万円

試算③売上に一定の料率（たとえば30%）をかけて、基本給を上回った部分をインセンティブとして支給する。

インセンティブ	：6000万円×30%＝1800万円
	1800万円－500万円＝1300万円
基本給	：500万円
年　収	：1800万円

（インセンティブが基本給を上回った場合は、インセンティブ＝年収となります）

もちろん運に左右される部分も大きいので、1年以内に成約がゼロだからといって、必ずしも能力、努力が足りないということにはなりませんが、やはりひとつの基準にはなっています。

いずれにしても最初の1年で成約できるのは、せいぜい1件か2件です。最初から大きな案件はなかなかできないので、初年度に個人業績インセンティブが大きくつくのは難しいです。

ただし、**2年目以降は、手持ち案件がある状態で期が始まるので、年間3件、4件の成約は狙えます。**

2年目以降で成果を出している人は、総じて前職の年収を大きく上回ることができます。

基本給と個人業績インセンティブ以外の報酬としては、会社・部門の業績に対する賞与、その他賞与、ストックオプションなどがあります。

ストックオプションは、上場している仲介会社や上場を目指している仲介会社で出しているところがあります。

ストックオプションは無償のものと有償のものがあり、有償ストックオプションの場合は、社員がお金を出してストックオプションを購入します。

Q50 M&Aプラットフォーム（M&Aマッチングサイト）は使えますか？

A 個人レベルでも買収できるM&Aとして注目されており、とくに小規模事業の黒字廃業を防ぐためのツールとして非常に有用です。

M&A仲介会社はコンサルタントが全面的に関与してM&Aを進めていきますが、近年、ウェブサイト上で売り手と買い手が直接出会える「M&Aプラットフォーム」（M&Aマッチングサイト）が普及してきており、すでにこのようなサイトは何十個もできています。

ここでは、M&Aプラットフォームの活用例などについてお話しします。

M&Aプラットフォームを大きく分けると、

・売り手が売却したい会社・事業をサイト上に掲載（会社を特定できないノンネーム情報）して買い手からの連絡を待つもの
・反対に、買い手が買収したい事業をサイト上に掲載（この場合は買い手は自社名を出して掲載）して売り手からの連絡を待つもの

の2つがあります。

前者のほうが多く、具体的には「トランビ」「バトンズ」「ビズリーチ・サクシード」などがあります。

いずれの場合でも、買い手が実際に買収した場合に成功報酬を支払うビジネスモデルが一般的で、売り手は基本的に無料で利用できることが多いです（ビジネスモデル、料金体系は各社異なるため直接各社に確認してください）。

もちろん売り手や買い手が別途専門家を使う場合には費用が発生します。

このような**M&Aプラットフォームは、仲介・アドバイザリー会社がコンサルタントをつけて支援することが難しい小規模案件（譲渡価格で数百万円から数千万円）で利用されることが多く、個人レベルでも買収できるM&Aとして、最近世間の耳目を集めています。**

たとえば、月の売上が数百万円、営業利益が数十万円で、社員2名とアルバイトで運営している会社の売却の相談を受けた際、規模が小さすぎて弊社では売却支援はできなかったのですが、M&Aプラットフォームをいくつか紹介しました。

そしてM&Aプラットフォームに登録したところ、複数（個人および法人）の買収希望者が出てきて、数百万円で売却できたと後日報告がありました。契約交渉の部分だけ、弁護士をつけたようです。

このような譲渡価格1000万円以下のM&Aを「マイクロM&A」と呼ぶことがあります。

この例は、売り手が直接M&Aプラットフォームに自社の売却案件を載せたケースですが、仲介会社が売り手の許可を得たうえでサイトに載せることもあります。業種、地域、規模、売却条件によっては、仲介会社で多くの買い手候補を提案できないこともあるためです。

あるいは打診をしていく中で、有力な買い手がなかなか出てこないということもあります。

そのような場合に、仲介会社がM&Aプラットフォームも活用しながら、買い手を探すことがあります。M&Aプラットフォームによっては、仲介会社が大半の案件を載せているところもあります。

弊社がM＆Aプラットフォームを活用した例ですと、地方の小規模な製造業の売却案件があります。社員が数人で、高齢のオーナー社長への依存度も高い会社であり、多くの買い手から手があがることはないだろうと思われました。

そこで、売り手のオーナー社長に、弊社のコンタクト先以外にも、M＆Aプラットフォームを活用して最もいい買い手を探すことを提案し、オーナーから了承を得て打診活動を始めました。

予想以上に独自のビジネモデルが評価され、弊社が直接紹介した買い手3社、M＆Aプラットフォームから出てきた買い手1社の合計4社から条件提示がありました。

その中で、最終的にはM＆Aプラットフォーム経由の買い手が最もいい条件を提示し、また対象会社とのシナジーも見込まれたことから相思相愛となりM＆Aが成立しました。

M＆Aプラットフォーム業界はまだまだ黎明期ですが、一部のM＆Aプラットフォーム事業者は公的機関である事業承継・引継ぎ支援センターとも連携しながら、とくに小規模事業の黒字廃業を防ぐためのツールとして、今後よりいっそう普及していくでしょう。

おわりに

本書では、M&Aの当事者である売り手、買い手、ファンド、そして仲介者・アドバイザーの本音や実際に現場で起こっている真実を紹介してきましたが、いかがでしたでしょうか？

これまで中小企業のM&Aに対して抱かれていたイメージとは違う世界が描かれていたのではないかと思います。

M&Aの仲介者というと、とかく「M&Aを成立させることばかり考えていて、その後はどうなってもいいと考えている」と思われがちです。

第5章でもお話ししたように、成功報酬をいただく仲介者には、たしかにそのようなインセンティブが働きます。

しかし、そういう考えに流されてしまって職業倫理を失ってしまえば、プロとしてやっていく資格はありません。

私は「ひとつでも多く社会的意義のあるM&Aを支援したい」との思いでこの仕事をやっていますが、最後に改めてM&Aの社会的意義について、以下の3点を述べさせていただきます。

①優良企業の存続と発展
②起業家精神の高揚
③経済全体の生産性の向上

本書の旧版でも同様のことを述べていますが、この思いは変わっていません。

M&Aの社会的意義① 優良企業の存続と発展

M&Aの社会的意義として、第一に「優良企業の存続と発展」をあげたいと思います。

この数年、約3分の2の会社は後継者不在という状況が続いています。また、子どもが(社内外に)いたとしても、さまざまな理由から継がせられないという経営者が増えています。

しかしながら、**従業員や取引先に迷惑をかけられないので、簡単に廃業するわけにはいきません。**

業績不振で再生の見込みがなければ、この際、会社を清算することも選択肢のひとつになりますが、**付加価値を生み出している優良企業なら、是が非でも会社の存続・発展をはかるべき**です。

後継者不在の問題以外にも、

「会社経営はうまくいっているが、まったく別のビジネスをやりたい」

「自分がこのまま社長でやっていても事業を伸ばしていくのは難しい」

と、事業意欲が低下している経営者もいらっしゃいます。

また利益は出ていても、経営戦略上ノンコア（非中核）子会社・事業と見なして売却し、経営の選択と集中をはかることがあります。

そのような場合には、**M&Aによって十分な対価を得ていただき、能力があり、やる気満々の人・会社に経営をバトンタッチして、会社のさらなる成長・発展につなげてもらうことが従業員や取引先にとっても最善の方法**になりえます。

M&Aの社会的意義②

起業家精神の高揚

M&Aの第二の意義は「起業家精神の高揚」です。

日本経済がさらに活性化し、世界の中でも重要な地位を保ちつづけるためには、イノベーションをもたらす起業家がもっともっと増えることが必要です。

優秀な人材が安定した地位を捨てて起業することは大きなリスクを伴いますが、IPO(新規株式公開)は非常にハードルが高いため、起業のリスクに見合ったリターン(創業者利益)を得ることは簡単ではありません。

すでに欧米では、M&Aによって会社を売却することが、創業者利益を実現する最も一般的な方法になっており(とくに米国では、ベンチャーキャピタルが投資したスタートアップの約9割が、IPOではなく売却によりエグジットしています)、多くの起業家が将来の売却を目標に会社を創業しています。

リスクをとって起業した経営者が、困難を乗り越え事業を成功させた暁に大きなリターンを得ることは、経済社会のロールモデル(模範)となるべきです。

そして、日本でも、リスクに見合うリターンを起業家に与えるM&A(企業売却)という手法がより一般化すれば、起業家精神の高揚、経済の活性化をもたらすでしょう。

M&Aの社会的意義③　経済全体の生産性の向上

M&Aの意義として最後に「経済全体の生産性の向上」があります。

日本企業は欧米企業に比べて生産性や利益率が低い状況が続いています。

また、**日本は人口減少が進んでおり、多くの業界において市場規模が縮小していく中、さらなる業界再編は避けられません。**

日本が先進国として生き残っていくためにも、生産性の向上は避けて通れない道です。

M&Aをするということは、売り手の会社と買い手の会社が一緒になること（グループ会社化、合併、事業統合など）によってシナジーを出すことが期待されます。

理論的には、最も大きなシナジーを創出できる買い手が、最もいい価格条件を提示することができ、M&Aが成立することになります。

相乗効果が発揮されるM&Aが増え、またM&Aによる企業統合で企業規模が大きくなれば、各企業の競争力が高まり、経済全体としても資源（ヒト、モノ、カネ、情報）がより良く配分され、生産性の向上につながることになります。

以上、「**優良企業の存続と発展**」「**起業家精神の高揚**」「**経済全体の生産性の向上**」の3**つがM&Aの社会的意義であり、やる気と能力のある人にチャンスを与え、リスクに見合**

ったリターンを与え、経済社会に資することがM&Aの本質であると考えています。

ところで、私が代表を務める会社はインテグループ（株）といいますが、インテグループ（Integroup）は、インテグリティー（integrity）とグループ（group）をあわせた造語です。インテグリティーとは、思考、言葉、行動が一致していること、裏表がないことをいい、そこから「誠実さ」を意味します。

ビジネスの世界では、どうしてもリスクを隠して取引して、安易に儲けたいという誘惑が存在します。金融にまつわる詐欺事件もあとを絶ちませんが、それはこのような誘惑に負けてしまった者が仕掛けて起こるものです。

M&Aの取引も決して例外ではありません。M&Aの当事者となる売り手、買い手、そして仲介者・アドバイザーはいつもこのインテグリティーという言葉の意味を念頭に置いておくべきです。

そして、ステークホルダーや社会と長期的な信頼関係を築くことが、自己および世の中に対してメリットをもたらすものと信じます。

最後に、東洋経済新報社の中里有吾様、これまで経験を積ませていただいたクライアントの皆様および弊社の役職員に対しまして、この場をお借りして感謝申し上げます。

2021年4月

藤井 一郎

【著者紹介】

藤井一郎（ふじい　いちろう）

インテグループ株式会社 代表取締役社長。

1974年生まれ。1997年に早稲田大学政治経済学部を卒業（小野梓記念賞を受賞）後、三菱商事株式会社に入社。台湾・中国市場の自動車関連プロジェクトに従事。その後、米国サンダーバード国際経営大学院にてMBAを取得。

米国シリコンバレーのコンサルティング会社Business Cafe, Inc.にて現地ソフトウェア企業の日本進出をハンズオンで支援。帰国後、フリービット株式会社での海外事業開拓マネージャーを経て、株式会社サンベルトパートナーズの取締役に就任。

2007年にM&A仲介・アドバイザリーのインテグループ株式会社を設立し、代表取締役社長（現任）に就任。中堅中小オーナー企業、上場企業、バイアウトファンドなどを顧客に、これまで100件以上のM&A成約に関与。2016年を最後に自ら案件を担当することをやめ、その後は、M&Aコンサルタントの採用・育成、コンサルタントに対する助言および経営業務に専念している。

著書に、ビジネス交渉の分野でベストセラーになっている『プロフェッショナル・ネゴシエーターの頭の中 ――「決まる！」7つの交渉術』（東洋経済新報社）がある。

インテグループ㈱：https://www.integroup.jp/
PEファンド.JP：https://pefund.jp/

本書についてのご感想やM&Aに関するご相談は、下記までお願いします。
E-mail：shinjitsu@integroup.co.jp

M&A仲介会社の社長が明かす
中小企業M&Aの真実 決定版
50のQ&Aで知りたいことが全部わかる！最高の入門書

2021年 6月10日　第1刷発行
2024年12月17日　第4刷発行

著　者――藤井一郎
発行者――田北浩章
発行所――東洋経済新報社
〒103-8345　東京都中央区日本橋本石町 1-2-1
電話＝東洋経済コールセンター　03(6386)1040
https://toyokeizai.net/

装　丁…………井上新八
ＤＴＰ…………アイランドコレクション
印　刷…………ベクトル印刷
製　本…………ナショナル製本
編集協力………加藤義廣／佐藤真由美
編集担当………中里有吾
　Printed in Japan　ISBN 978-4-492-53438-0